★成功经理人365天管理笔记系列(服务业经理人)

婚纱影楼店店长

HUNSHA YINGLOUDIAN DIANZHANG

时代华商管理培训中心◎策划

滕宝红◎主编

365天管理笔记

365 TIAN GUANLI BIJI

◆采用“一日管理 + 一周管理 +一月管理+ 季度管理+ 全年管理”编写风格，图文并茂、形式活泼。

◆内容阅读采用PDCA循环法，通过时间安排、工作重点、管理方法、管理心得四个部分为一个完整循环的学习方式进行导读。

◆本丛书编排新颖，思路清晰，是企业经理人不可多得的管理用书。

作为一本职业经理人的学习管理笔记，该书能指引经理们每天有计划地安排时间，认真记下工作中的琐事，再把自己想做的事情、计划做的事情、没有解决的问题记录下来，并定期检视，从而使他们成为一名成功的经理人。

SPM

南方出版传媒

广东经济出版社

·广州·

图书在版编目（CIP）数据

婚纱影楼店店长 365 天管理笔记 / 时代华商管理培训中心策划，滕宝红主编. —广州：广东经济出版社，2014. 10
（成功经理人 365 天管理笔记系列. 服务业经理人）
ISBN 978－7－5454－3587－0

Ⅰ. ①婚… Ⅱ. ①时…②滕… Ⅲ. ①摄影－服务业－经营管理 Ⅳ. ①F719. 9—49

中国版本图书馆 CIP 数据核字（2014）第 221104 号

出版发行	广东经济出版社（广州市环市东路水荫路 11 号 11～12 楼）
经销	全国新华书店
印刷	惠州报业传媒印务有限公司（惠州市惠城区江北三新村）
开本	787 毫米×1092 毫米 1/16
印张	13. 5
字数	224 000 字
版次	2014 年 10 月第 1 版
印次	2014 年 10 月第 1 次
印数	1～4 000 册
书号	ISBN 978－7－5454－3587－0
定价	28. 00 元

如发现印装质量问题，影响阅读，请与承印厂联系调换。
发行部地址：广州市环市东路水荫路 11 号 11 楼
电话：（020）38306055 38306107 邮政编码：510075
邮购地址：广州市环市东路水荫路 11 号 11 楼
电话：（020）37601950 邮政编码：510075
营销网址：**http：//www. gebook. com**
广东经济出版社常年法律顾问：何剑桥律师

前 言

作为企业中坚力量的部门经理（店长），在企业中起着承上启下的作用，其职业素质、管理能力和领导能力决定了企业发展的速度，决定了企业能否培养出一支优秀的员工队伍，决定了能否有效达成企业经营目标和提高业绩。

部门经理（店长）是企业的执行者，由于各种原因，部门经理在管理工作中会出现许多问题：要么缺乏规划，没有重点，看起来每天都很忙，但不知在忙什么，忙得没有效果；要么严重缺乏执行力，领导的意图总是贯彻不到位或者未及时落实；又或者不懂得设定目标，没有掌握达成目标的有效方法等。

出现这些问题的根本原因是，企业部门经理（店长）不会在年初做规划，不会在季初、月初、周初做计划，不会合理地安排下属的工作，不会合理地运用自己每天的工作时间，不会有效地跟进部门各项工作，不会在月末、季末、年末的时候做总结报告。当然，还有一些新上任的部门经理（店长）甚至不知道自己该在什么时候做计划、该在什么时候跟进工作、该在什么时候写总结，而只是被动地听从上级安排，这自然不是一个优秀的部门经理（店长）应有的表现。

针对企业部门经理（店长）的困境，我们特意策划设计了“成功经理人365天管理笔记”系列丛书，旨在引导部门经理（店长）每日、每周、每月、每季、每年（年末）应当做的事情及做这些事情的方法、技巧及应用的表格、表单和工具。

“成功经理人365天管理笔记”系列丛书目前主要涵盖10个管理岗位，包括汽车4S店店长、汽车美容店店长、便利店店长、婚纱影楼店店长、服装店店长、房地产中介门店店长、家居建材门店店长、餐厅楼面经理、物业保安主管、物业管理处主任。

“成功经理人365天管理笔记”系列丛书编排新颖，思路清晰，是经理人不可多得的管理用书。该系列丛书打破传统书籍的理论讲述，不讲为何做，而讲怎样做，注重实操性。书中提供了大量工作总结、工作计划范例以及可以直接运用到实际工作中的表单。

为了方便读者学习，本书在一些重点内容或者需要注意的内容旁边设置了“特别提示”栏目，方便读者注意重点、要点，加深学习印象。同时，本书在页面的右方设置了“随手札记”栏目，供读者随时记录学习心得。请不要将这些表格忽略，要认真投入思考并记录下来，这绝对会有助于各方面能力的提升。

作为一名部门经理（店长），本书可使您通过每天有计划地安排时间，记录工作中的琐事，通过找方法，一步一步解决问题，再把自己想做的事情、计划做的事情、没有解决的问题记录下来，去寻找解决的办法，定期检视，使自己成为一名成功的经理人。

“成功经理人365天管理笔记”系列丛书适用于企业部门经理（店长）、主管、领班，新入职的大中专学生，管理培训机构，职业管理院校的学生等阅读，也可作为管理人员的手边工具书使用。

当然，本系列丛书也有不足之处，希望广大读者对我们提出宝贵意见。在此，我们所有编者对您的关注予以真诚的感谢！

“成功经理人365天管理笔记”系列丛书

编委会

目 录

导 读 365天阶段管理，让你工作更轻松

第一章 如何安排与落实一日工作

忙！忙！忙！

忙些啥？

忙着进行店面巡视检查，忙着召开各种临时会议，忙着检查各种报表，忙着应对客户投诉，忙着批阅各种申请报告，忙着准备员工的绩效考核……

作为店长的你，是不是处于以上所述盲目的忙乱状态呢？如果是，那么你就需要做好每天的工作计划了，只有按照详细计划一步步来，才能条理清晰而不至于在手忙脚乱中出差错。相信通过本章的学习，你一定能摆脱这种“穷忙”的困境！

第二章 如何安排与落实一周工作

新的一周又开始了，该怎样来做好这一周的工作呢？仔细想想，本周有哪些主要工作：新增客源信息汇总；要对本周销售情况进行分析；有一批新员工即将入职……事情这么多，怎样才能理清呢？仔细看看，哪些必须在第一时间内完成，哪些可以稍微往后延……

如果你每周都处于这种忙碌状态，那就要做好一周工作安排与落实。通过本章学习，相信你一定可以远离这种状态，从而让工作更加有条理，更加轻松愉快！

第三章 如何安排与落实一月工作

婚纱影楼店店长工作的事情多且杂，需要协调婚纱影楼店店员正常工作，如果工作没有做好，将会影响整个婚纱影楼店的正常运转。每个月的工作有常规的，也有突发的，店长要让自己做到忙而不乱、井井有条，就必须做好工作安排。

第四章 如何安排与落实季度工作

对于一个季度的工作安排，是属于宏观性的，要对一个季度的重点事项做到心中有数。才能按照季度工作安排做好每月、每周和每一天的工作。

作为店长，每一季度的重点工作都需要有所侧重；但是总的来说，每一季度的工作中又有重复的事情。要想让自己能从容应对诸多工作事项，你要将自己的每一季度的工作都做好安排。

第五章　如何安排与落实年度工作

年终到了，店长要对本年度的婚纱影楼店工作进行总结，同时要制订下一年度计划，实行年终部门大检查……

这个时候可以说是店长忙得团团转的时候。其实，你也可以不用让自己显得如此忙碌，比如：提前将年终各项工作做好安排，就可以让每件事情都按照计划进行。当然，预留一定的时间来应对突发事件，可以让你的年终各项工作更好地完成。

导读

365天阶段管理，让你工作更轻松

一、一年365天的时间分配

一年365天，时间是有限的，要怎样进行合理分配呢？作为婚纱影楼店店长，这是一个必须要考虑的问题。

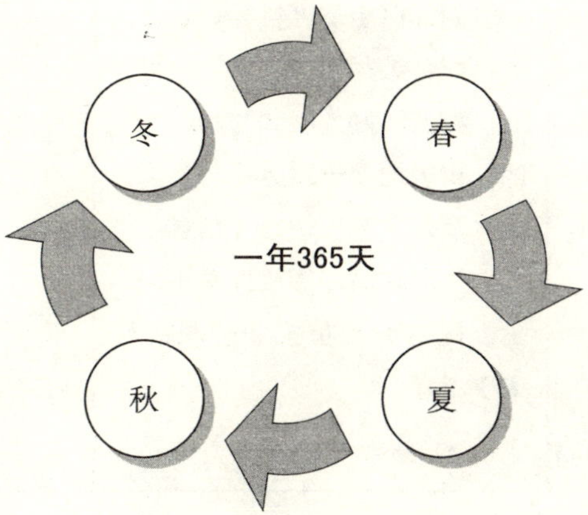

图1　一年365天循环图

二、国家法定节假日

婚纱影楼店店长要对时间进行合理分配，首先要明确一年中的国家法定节假日。因此，可以先将一年中的国家法定节假日分列出来。一年中常规的国家法定节假日如表1所示。

表1　国家法定节假日

序号	假日名称	放假天数	日期
1	元旦	1天	1月1日
2	春节	3天	农历正月初一、初二、初三
3	清明节	1天	4月5日
4	劳动节	1天	5月1日
5	端午节	1天	农历端午当日
6	中秋节	1天	农历中秋当日
7	国庆节	3天	10月1～3日

三、工作时间

工作时间，又称法定工作时间，是指员工为履行工作义务，在法定限度内，在用人单位从事工作或者生产的时间。

（一）工作时间计算

年工作日：365天－104天（休息日）－11天（法定节假日）=250天

季工作日：250天÷4=62.5天

月工作日：250天÷12=20.83天

（二）有效工作时间

有效工作时间就是称职员工完成一件工作的必需时间。如果上班时间为8小时，那么通常情况下，大多数员工的有效工作时间是达不到8小时的，必须扣除等待、无意义的闲聊、串岗或处理私事的时间。

四、阶段工作法

婚纱影楼店店长可以采用阶段工作法对工作进行安排。什么是阶段工作法呢？这里所说的阶段指的就是一日、一周、一月、一季度、年度各个不同的时间段。

婚纱影楼店店长对每日、每周、每月、每季度和每年度的工作进行规划，做好时间及工作事项安排，对工作进行分阶段总结（见表2）。

表2 婚纱影楼店店长阶段工作安排

阶段	工作事项	备注	阶段	工作事项	备注
一日	一、如何制订当日工作计划 二、门店卫生检查 三、员工仪容仪表检查 四、组织召开门店早会 五、如何做好每日巡视工作 六、怎样及时处理客户投诉 七、店铺火灾如何处理 ……		一周	一、如何制订一周工作计划 二、怎样主持门店周例会 三、怎样做好店面广告 四、设置员工打折权限 五、积极应对客户投诉处理 六、如何利用微信营销 七、如何利用微博营销 ……	
月度	一、制订月度的工作计划 二、编制月度工作计划 三、如何制订每月排班表 四、员工招聘计划 五、建立前台服务营运标准 六、做好客户满意度调查 七、如何做好异业结盟 八、如何对进行月度绩效考核 九、月度工作总结		季度	一、制订门店季度目标计划 二、配合编写新员工培训计划 三、如何做好外展和秀场 四、积极地推进媒体广告运作 五、及时了解市场行业信息 六、如何让婚纱影楼淡季不淡 七、配合编制员工职阶职级与人事考评 ……	
年度	一、如何编写年度工作总结 二、组织配合编写标准话术			三、配合编制年度工作责任书 四、编制年度营销活动计划	

第一章

如何安排与落实一日工作

忙！忙！忙！

忙些啥？

忙着进行店面巡视检查，忙着召开各种临时会议，忙着检查各种报表，忙着应对客户投诉，忙着批阅各种申请报告，忙着准备员工的绩效考核……

作为店长的你，是不是处于以上所述盲目的忙乱状态呢？如果是，那么你就需要做好每天的工作计划了，只有按照详细计划一步步来，才能条理清晰而不至于在手忙脚乱中出差错。相信通过本章的学习，你一定能摆脱这种“穷忙”的困境！

一、如何制订当日工作计划

婚纱影楼店店长在制订当日工作计划前，要对当日的时间和工作事项进行仔细分析。根据工作事项的紧急性、重要性按先后顺序排列，重要和紧急的最先做，不重要和不紧急的放在最后做，以保证所有事项都能恰当而圆满地完成。

（一）时间清单分析

店长可以将一天的法定工作时间，按照每半小时为一段，进行分段，然后逐项将实际活动事项填入时间清单分析表中，如表1-1所示。在活动事项后面，准确填入该活动事项相应的计划用时、实际用时、超时以及超时原因。

（二）工作事项分析

1．工作清单分析

婚纱影楼店店长分析一个法定工作日内所做的工作事项，各自用时如何，如果超时，找出原因在哪儿。这可以采用工作

表1-1　时间清单分析表

姓名：　　　　　　　　　　　　日期：

序号	时间	活动事项	计划用时	实际用时	超时	原因
1	9:00～9:30					
2	9:30～10:00					
3	10:00～10:30					
4	10:30～11:00					
5	11:00～11:30					
6	11:30～12:00					
7	12:00～12:30					
8	12:30～13:00					
9	13:00～13:30					
10	13:30～14:00					
11	14:00～14:30					
12	14:30～15:00					
13	15:00～15:30					
14	15:30～16:00					
15	16:00～16:30					
16	16:30～17:00					
17	17:00～17:30					
18	17:30～18:00					
总计						

注意：上表所示的工作时间是婚照纱影楼店的行政人员的标准工作时间，对于化妆师和摄影师及其他随行工作人员，其工作时间是弹性的，视工作情况而定。

清单分析表（表1–2）进行明确分析。

（1）店长可将所有工作填入“工作事项”栏，包括累计用时超过10分钟的工作。如果没有超过10分钟可以不填入，如果这些事项累计时间超过1小时，就要引起重视，应该在分析表中做特别说明。正常事项如检查昨日现金流量表，上午20分钟，下午30分钟，可以将此累计在报表检查这一事项中。

（2）店长要填入具体事项，如“检查店面卫生情况”“听取值班员工对昨日情况的汇报”“处理客户投诉”等。

（3）店长只要简单说明浪费、延误的原因即可。如与离职员工面谈，预计30分钟，但由于没有把握好本次商谈用时，结果花了40分钟，超时10分钟。

2．工作（活动）分项分析

（1）店长可以将工作清单中的同类事项进行合并，然后填入工作（活动）分项分析表中，如表1–3所示。

（2）“无计划用时”只计算无计划用时总计数。各项工作活动的无计划用

表1–2　工作清单分析表

姓名：　　　　　　　　　　　　　　　　　日期：

工作事项	计划时间	实际时间	浪费、延误	无计划用时	原因

随手札记

表1-3 工作（活动）分项分析表

姓名： 日期：

<table>
<tr><th rowspan="2">分析事项</th><th colspan="2">计划用时</th><th colspan="2">实际用时</th><th colspan="2">浪费/延误</th><th colspan="2">无计划用时</th><th rowspan="2">原因</th></tr>
<tr><th>用时</th><th>排序</th><th>用时</th><th>排序</th><th>用时</th><th>排序</th><th>用时</th><th>排序</th></tr>
<tr><td>召开门店早会</td><td></td><td></td><td></td><td></td><td></td><td></td><td></td><td></td><td></td></tr>
<tr><td>店面现场巡视</td><td></td><td></td><td></td><td></td><td></td><td></td><td></td><td></td><td></td></tr>
<tr><td>查看去年同期销售情况</td><td></td><td></td><td></td><td></td><td></td><td></td><td></td><td></td><td></td></tr>
<tr><td>处理火灾等紧急事件</td><td></td><td></td><td></td><td></td><td></td><td></td><td></td><td></td><td></td></tr>
<tr><td>签署各类需店长批准的文件</td><td></td><td></td><td></td><td></td><td></td><td></td><td></td><td></td><td></td></tr>
<tr><td>在员工之间进行协调工作</td><td></td><td></td><td></td><td></td><td></td><td></td><td></td><td></td><td></td></tr>
<tr><td>进行店面安全检查</td><td></td><td></td><td></td><td></td><td></td><td></td><td></td><td></td><td></td></tr>
<tr><td>……</td><td></td><td></td><td></td><td></td><td></td><td></td><td></td><td></td><td></td></tr>
<tr><td>总计</td><td></td><td></td><td></td><td></td><td></td><td></td><td></td><td></td><td></td></tr>
</table>

时，是指该项工作活动的实现没有计划时间。

（3）凡是超计划用时或者是记不起来的用时均计入“浪费/延误”中。

3．工作紧急性分析

店长分析出每天各项工作的紧急程度，根据不同程度安排工作先后顺序。可以将工作事项紧急性分为四类，将当日工作进行分类安排，列出一张分析表，如表1-4所示。

4．工作重要性分析

店长将当日工作事项根据重要程度，合理地安排工作用时。同紧急性一样，将工作事项分为四类，即非常重要、重要、不很重要、不重要，如表1-5所示。

（三）制订每日计划表

店长根据前面对工作时间和工作事项的分析，就可以制订一份个人每日工作计划表。每日计划表可以按照不同标准来制作，如按照时间或工作事项的紧急重要性等。现在，你可以制订一份自己的每日工作计划表，对自己一天事项进行合理安排。店长要想做好每日计划，需要明确自己每日的基本工作事项。在此，提供几份婚纱影楼店店长的每日基本工作事项，仅供读者参考。

表1-4　工作紧急性分析表

姓名：　　　　　　　　　　　　　　　　　　日期：

紧急性 工作事项	非常紧急 （马上要做）	紧急（短时间内要做）	不很紧急 （可从长计议）	不紧急 （无时间要求）
设备出现问题，导致无法正常运转	✓			
报告总部，安排维修人员设施设备进行检查		✓		
编制门店下月排班表		✓		
向总部申请招聘新员工				✓
……				

备注：在相应的栏目下打“✓”。

表1-5　工作重要性分析表

姓名：　　　　　　　　　　　　　　　　　　日期：

重要性 工作事项	非常重要 （绝对要做）	重要 （应该做）	不很重要 （可做可不做）	不重要 （可不做）
与总部商讨人员招聘情况		✓		
制定下一季度营销方案		✓		
对客户投诉问题予以处理	✓			
制订员工交接班管理制度			✓	
……				

备注：在相应的栏目下打“✓”。

随手札记

【范例 01】

××婚纱影楼店店长基本工作事项

工作事项		星期一	星期二	星期三	星期四	星期五	星期六	星期日	备注
营业前的准备工作	记录员工出缺勤情况								
	检查所有电源、开关、插头（包括音乐、空调）								
	检查各部门环境、用品清洁								
	开早会（提高员工工作兴奋度）								
	正式营业，各部门人员到位								
营业中的管理工作	检查工作资料夹								
	随时检查销售日报表的填写及修正								
	门市接单工作督导，预约拍照电话追踪到位，急件追踪								
	门市拍照服务督导及满意度，拍照过程流畅，不塞车								
	门市挑样督导及满意度（注意挑片率、加放大照片、彩绘制作）								
	门市取件服务过程督导及满意度、互惠动作								
	造型部服务满意度，化妆质量到位，部门互惠								
	美发部服务满意度，造型质量及变换到位，互惠动作								
	礼服部服务满意度，挑选礼服适合客户，互惠动作								
	摄影部工作流畅、不塞车、互惠动作、选片配合度								

（续表）

工作事项		星期一	星期二	星期三	星期四	星期五	星期六	星期日	备注
营业中的管理工作	后勤整件组工作督导，保证挑样、取件顺畅								
	追踪补拍、重拍、退件明细记录、会报、检讨								
	门市时段追踪（业绩）并做调整								
	日常店务协调（对账、管理协调、对外事务协调）								
	登记主管每日线上工作明细表（隔日的）								
	日常店内事务的处理与记录								
	总结当日门市总业绩（并做次日业绩计划）								
	总结门市预约拍照明细（周），做门市督导工作								
	核查各部门用品库存盘存，以备补货								
	检查销货日报表与收入现金的核对								
下班的检查工作	检查各部门环境及用品清洁、归位、收藏								
	对上司的电话汇报								
	夕会								
	关掉所有电源开关并拔掉所有插头，以防意外								
备注：随时注意店内危机处理，随时注意员工心理善并做辅导汇报									

【范例02】

××婚纱影楼店店长每日工作事项

年　月第　周　　　　店长：

星期 事项	一	二	三	四	五	六	日
明日生日客户短信问候及派工							
明日婚期客户短信祝福及派工							
明日早妆客户短信及电话提醒及派工							
查看意向订单跟单情况及派工							
明日拍摄、看样取件客户电话、短信跟进及派工							
当日订单短信及内容审核及派工							
已下订单和意向订单录入及查核新客入门及派工							
对已下订单进行拍摄时间安排及派工							
对意向订单跟进研究会结果并录入及派工							
对流失订单跟进、接待人分析及店长分析及派工							
对当日已拍摄完成订单进行选择片安排录入及派工							

（续表）

星期 事项	一	二	三	四	五	六	日
对当日选片客户一次修片完成情况跟进及录入及派工							
对当日已完成选择片客户进行取件安排及录入及派工							
对完成选片进行二次修片完成情况跟进及录入及派工							
对5日后取件客户整理件情况查核及录入及派工							
对当日取件客户取件情况查核及录入及派工							
对返工件返工原因情况查核及录入及派工							
对早妆进行安排及派工							
对次日早妆物品准备情况查核及派工							
收银并登录现金日报表，并对现金收入及支出录入							
执行要求： （1）对每一项事物执行完成后打“√” （2）对每一项事物进行派工查核完成情况，对不能及时完成的人员进行处罚 （3）对每个环节按标准执行到位，每个事项未执行到位每项奉献××元，造成损失照价赔偿							

二、门店卫生检查

店长在每日早晨检查门店清洁情况，若不符合要求，应督促早班人员立即重新清洁。在此，提供几份婚纱影楼店卫生检查标准及检查记录表，仅供读者参考。

【范例03】

××婚纱影楼店卫生检查标准

考核项目	考核内容	达标	备注
店面整洁标准	店面的整洁，美观		
	灯箱没有破损，无掉色		
	店面的玻璃晶莹透亮，没有印迹、尘土		
	店面门前的地砖干净，无积尘		
	店面墙壁无污渍、无刻画，若有发生及时采取相关措施清理干净		
	门前自行车不可挡住店门，要摆放整齐有序		
	店前方圆5米内保持清洁，根据情况随时清扫		
	店前方圆5米内禁止吸烟、聊天		
	门前空调外机铁罩上不可放置物品，保持外机清洁		
	门前积雪及时清理，门前积水及时清理		

（续表）

考核项目	考核内容	达标	备注
店内整洁标准	店内地面保持清洁无印渍，阴雨天随时清洁，保持无水渍		
	店内厕所、洗手间保持无异味、无积水、无杂物堆放		
	店内墙角无蜘蛛网、无杂物堆放、内间物品摆放整齐有序		
	文件柜上方无物品堆积、无杂物堆放		
	店内花盆无地面印渍、无漏水		
	店内桌椅摆放整齐、桌面无污渍、尘土		
店内整洁标准	接待台物品摆放整齐、个人私人物品严禁摆放其上		
	店内电脑、键盘、复印机等固定资产保持清洁，无灰尘		
	空调定期清洁，无粘贴痕迹，并保证良好的工作状态		
	禁止店内人员吸烟		
	禁止往店内带有异味的食品、物品等		
	店内卫生不允许有死角		
	上下楼楼梯每天清扫一遍，保持清洁		
	背景墙保证不脱色		
	非休息时间禁止吃东西、嚼口香糖等		
	员工物品如衣服、帽子、鞋子等物品禁止摆放到客户看到的地方		

备注：如果各项目执行状况到位，请值日者在“状况”栏内画“√”，并在“签名”栏内签上自己的姓名，店长核实并签名，如果有损坏则在“状况”栏内注明，并向店长会报，同时做好记录，做紧急维修处理，并追踪到位，以利工作畅顺。清洁，归位状况请值日者执行到位，如果检查情况与表格汇报不相符合者，值日者及主管自行负责。

【范例 04】

××婚纱影楼化妆部卫生工作检查表

日期		星期一			星期二			星期三			星期四			星期五			星期六			星期日		
状况／项目		状况	值日签名	保持情况	状况	值日签名	保持情况	状况	值日签名	保持情况	状况	值日签名	保持情况	状况	值日签名	保持情况	状况	值日签名	保持情况	状况	值日签名	保持情况
化妆用品	镜台																					
	灯光																					
	桌椅																					
	地面																					
	用品																					
	橱窗																					
	模特																					
	空调																					

备注：如果各项目执行状况到位，请值日者在“状况”栏内画“√”，并在“签名”栏内签上自己的姓名，店长核实并签名，如果有损坏则在“状况”栏内注明，并向店长会报，同时做好记录，做紧急维修处理，并追踪到位，以利工作畅顺。清洁，归位状况请值日者执行到位，如果检查情况与表格汇报不相符合者，值日者及主管自行负责。

三、员工仪容仪表检查

店长应要求员工在每天上班之前，最好在镜子前仔细照一照，看看自己的形象是否“过关”。良好的个人形象，不仅代表个人，还代表了整个门店。因此，员工必须做好每日形象自检工作。店长可以根据形象自检表，来检查员工的形象是否符合要求。在此，提供一份某婚纱影楼店员工形象检查表，仅供读者参考。

【范例 05】

××婚纱影楼店员工形象检查表

序号	考核内容	达标	备注
1	头发：不留奇异发型，男性员工头发宜短，不得过长，不剃光头；女性员工长发盘起，短发必须整齐，显得大方、干练，前发不要遮眼遮脸。员工头发应时常保持干净整洁，有自然光泽，不要使用太多发胶，无汗味，无头皮屑		
2	指甲：指甲不得过长，须经常修剪，保持干净，没有多余的手指死皮，适当擦护手霜，保持手的湿润与柔软；女性员工涂指甲油必须是无色		
3	胡子：每天修剪，不得留胡须，保持脸部清洁		
4	口腔：上班前及上班期间不能喝酒，不能有烟味、异味、口臭，不能吃有异味的食品，保持口气清新		

（续表）

序号	考核内容	达标	备注
5	妆容：每天保持面部清洁，不得使脸上皮肤干涩或油亮。女性员工上班着淡妆，施薄粉、描轻眉、唇浅红，不得浓妆艳抹，不宜用香味浓烈的香水和化妆品		
6	仪表：工作场所应着装干净、简洁、不得有过多修饰，工作时间佩戴公司胸针和胸牌，不得与私人饰品并列佩戴		
男员工着装			
7	春秋装制服，白色衬衫，着制式领带，配深色西裤，正装皮鞋		
8	夏装白色衬衫，着制式领带，配深色西裤，正装皮鞋		
9	工装口袋整理服帖，不放过多的东西，以免鼓起，破坏整体形象		
10	保持鞋面的光亮和鞋边的干净，如有破损应及时修补，不得穿带铁掌的鞋		
女员工着装			
11	春秋装制服，白色衬衫，深色西裤，正装皮鞋		
12	夏装白色衬衫（短袖），深色裙装或西裤，正装皮鞋		
13	穿裙装须穿长筒裤丝袜，色泽为肉色		
14	可佩戴精致的小饰品，如点状耳环、细项链等，不得戴过于夸张和耀眼、怪异的首饰，不得佩戴三件以上的首饰		

四、组织召开门店早会

早会是贯彻公司经营政策的最佳时刻，是进行营销活动管理的重要手段之一。在许多员工心目中，每天的早会就是上班的开始。作为店长，可以安排值班经理主持早会，自己适时发言即可。在此，提供一份婚纱影楼店早会流程，仅供读者参考。

【范例06】

××婚纱影楼早会流程

时间：9：00分，早会时间为20分钟。

1. 播放公司晨歌《相亲相爱一家人》或《真心英雄》。
2. 听到歌声后公司全体员工自行列队，同唱这首歌。
3. 值班主管准备开早会内容。

早会具体流程

<table>
<tr><th>序号</th><th>流程概述</th><th colspan="2">具体说明</th></tr>
<tr><td>1</td><td>整队，报数</td><td colspan="2">（1）整队，向左，向右看齐。向左，向右，向后转包括站姿，培养士气，调整精神
（2）报数点名。首先整体报数，然后部门报数，报数口号为“××号××名”
（3）主管核对</td></tr>
<tr><td rowspan="2">2</td><td rowspan="2">检查仪容仪表</td><td>摄影部</td><td>（1）巡视检查是否有工牌
（2）检查摄影师穿着是否整洁个性化，头发有没打发胶（服装可要求统一着牛仔裤，个性黑色衬衣，波鞋，加穿公司统一印字马夹。也可自行个性化服装，显示专业摄影大师）
（3）助理完全统一一种服装（服装要求统一着牛仔裤，个性白色衬衣，波鞋，加穿公司统一印字马夹）</td></tr>
<tr><td>门市部</td><td>（1）巡视检查是否有工牌
（2）头饰是否整齐统一
（3）工衣是否整齐，包括鞋是否统一黑色
（4）每个门市的女员工必须化淡妆，打筛红，眼影；男员工必须穿白色衬衣，打领带，黑色西裤</td></tr>
</table>

（续表）

<table>
<tr><th>序号</th><th>流程概述</th><th colspan="2">具体说明</th></tr>
<tr><td rowspan="2">2</td><td rowspan="2">检查仪容仪表</td><td>化妆部</td><td>（1）巡视检查是否有工牌
（2）检查化妆师穿着是否整洁个性化，发型有没设计个性化（服装可要求统一穿个性工衣，也可自行个性化服装，显示专业化妆大师）
（3）每个化妆师必须化淡妆，打腮红，眼影
（4）化妆助理需穿统一公司印字助理服装</td></tr>
<tr><td>后期部及其他人员</td><td>（1）巡视检查是否有工牌
（2）统一穿西裤，衬衣，打领带
（3）穿着是否整齐整洁</td></tr>
<tr><td>3</td><td>礼仪练习</td><td colspan="2">（1）“您好，欢迎光临！”　（2）“您好，能为您服务吗？”
（3）“您好××，欢迎您的光临！”　（4）“您好我是××，很开心为您服务！”
（5）“对不起，让您久等了！”　（6）“不好意思，请随我来。”
（7）“好的，我知道了，请您放心。”　（8）“谢谢光临,！请慢走。”
抽查一名员工带领朗读</td></tr>
<tr><td>4</td><td>练习公司文化舞蹈（做一些游戏调节工作心情）</td><td colspan="2">（1）舞蹈歌名：《成吉思汗》《快乐崇拜》《眉飞色舞》等
（2）游戏：锻炼人的智商左右游戏，猜谜，连歌等</td></tr>
<tr><td>5</td><td>总结昨天工作，安排当天工作</td><td colspan="2">（1）昨天工作各部门发生的问题，及解决办法。好的借鉴，坏的制止
（2）对当天工作安排分配
（3）让员工发表建议
（4）对表现突出的员工进行口头奖励</td></tr>
<tr><td>6</td><td>散会</td><td colspan="2">（1）全体员工宣读企业文化晨词。如“我很年轻！”“我很健康！”“我充满活力“”“我行、我能行、我一定行!”
（2）宣读完之后全体员工鼓掌，节奏为：一二、一二三、一二三四五六七，然后统一说声“吔”！</td></tr>
</table>

五、如何做好每日巡视工作

巡视工作是店长每日的核心工作。通过巡视，店长可以对婚纱影楼员工的仪容仪表、精神面貌以及店面进行仔细了解，尽可能早发现存在的问题，并及时予以解决，以保证每天的工作顺利进行。

（一）巡视时间

店长一般每天需要巡视三次，即上班后立马巡视一次；中间抽查巡视一次；下班前巡视一次。

（二）巡视内容

店长的巡视内容，主要包括以下几项：

（1）巡视时要同每个碰面的员工打招呼，并对他们微笑、鼓励或要求。

（2）关心每对客户，与他们打招呼，征询客户意见，并表明有任何困难随时与自己联系。

（3）检查员工的微笑、妆面、服装、站姿、坐姿等，有错者立马要求改正，要求每个员工均在行动中，无事者，要求他们去招呼、服务客户。

（4）检查店容、店貌、清洁、灯光、音乐、通风、样相、样本，检查6S执行情况（整理、整顿、清扫、清洁、素养、安全）。

（5）检查客户的出件品质。

（6）检查各种表格的填写及应用：入客量及接单率统计；摄控表、高套排期表；摄影师看样统计；当日任务完成情况统计。

（7）检查每件设备的使用、保养，及是否需补充、更改等。

六、怎样及时处理客户投诉

客户的抱怨通常可以归为两类，一是针对商品本身，一是不满服务品质。不管是哪一种，最忌讳推脱掩饰，其中转嫁责任是最差劲的做法。作为店长，要在第一时间处理客户投诉，以免造成不好的影响，从而影响门店的形象。

在影楼门市接单的过程中，会出现很多问题，比如客户在选样片时并不是那么顺利，会出现很多这样或那样的问题导致客怨的形成，那么如何应对客户在选样时所提出的问题呢？在此，提供一份婚纱影楼店选样问题应对处理范例，仅供读者参考。

七、店铺火灾如何处理

婚纱影楼的许多物品都属于易燃品，同时商品又较多，因此必须做好火灾预防管理工作。同时，婚纱影楼都会有相邻门店，其发生火灾也会危及本店。店长应在平时加强对员工在此方面的教育培训，如应急处理措施等。

【范例 07】

客户选样问题应对处理

问题类别	应对处理
当客户对照片不满意时	（1）“看毛片觉得不是很喜欢对不对。”(认同) （2）“眼光还是不错的。”(赞美) （3）“其实还只是毛片，何谓毛片，就是有毛病的照片(开玩笑地说)第一色泽不准，放大还要调色。第二没经过设计，还没做美工，美工设计起来就不同了。第三尺寸比例不对，照片放大效果就不同了，色泽准了，照片大了，再加上美工设计肯定效果就不错了。”(举例) （4）“您慢慢看，多看几遍，我帮你好好挑选。”(要求)
当客户认为照片与样本相差太多时	（1）“毛片还未经过设计，肯定与样本有差别。”(认同) （2）“其实您表现得还不错，设计起来跟我们样本一定差不多美。”(赞美) （3）“每个人的个性与感觉都不同，拍起来的东西一定有所差别，况且您现在看的是毛片，设计起来就不同的。毛片是未经处理也未经设计，样本是经过处理也经过设计，况且你们俩个性不同，你们有你们的风格，你看还把你俩的味道拍得一点都不失真呢！”(举例) （4）“我觉得这张放大不错，你认为呢?”(反问) （5）“您可以做像我们样本中的这些设计，一定很好看的，你觉得呢?”(举例、要求)
挑片当日（加挑的照片认为不该付款时）	（1）“是的，您对这个问题的说法似乎蛮有道理。”(认同) （2）“新郎官跟我一样都是好喜欢这些照片，对吗?”(赞美) （3）“现在，可以请您静下心来，让我把答案告诉您，好吗?”（要求） （4）“多拍的目的只有两个：一是可以更多选择的空间；二是一辈子一次，让您两位珍惜这个机会，尝试更多的造型变化与不同的效果可以肯定的是：我们与两位一样都喜欢这些照片。”(举例) （5）“如果只为了不让客户有遗憾，当初就不必多拍这些照片，不是更好吗？毕竟多拍的照片不论底片、冲片、摄影师的技巧，公司的人力都是需要付出成本。但是，现在绝大部分客户都会多选好几张是很平常的事，最重要的是一辈子只有一次啊!”(赞美)

（续表）

问题类别	应对处理
挑片当日（加挑的照片认为不该付款时）	（1）“以现在的物价而言，与朋友到外面吃顿饭也要300~400元。您仔细算算：300÷20年÷12个月=1.25元。您的爱人要与您共度一生，您愿意每个月花1.25元，为她留下这些最美的回忆吗?相信新娘子肯定对您的体贴，永远会更爱您的啦!”（举例） （2）“好啦!新娘子，咱们一起来看看要多挑哪些漂亮的照片，好吗?放心吧!公司客户都是明智的，公司也绝对是一视同仁，不会让您吃亏的。”（要求）
客户提到法律问题或肖像权问题时	（1）“您对自己的权益十分清楚，这是件好事。”（认同） （2）“不知道您是否听说过著作权呢?咱们已经这么熟了，今天我可是免费提供您一个常识，您想不想充实一下，听听看呢?”（要求） （3）“一张人像照片，除了男女主角之外，必须由摄影师借助底片、背景、灯光、道具及技巧结合而成。”（著作权） （4）“如果公司私自以您的结婚照公开展示或获利，这才是冒犯到您的肖像权。”（举例） （5）“对于您多挑的照片，公司收取适当的成本及费用是应该的，毕竟您所支付的费用，公司已经按您的张数制作，一点也不会让您吃亏啊!” （6）“新郎官，千万不要为了几张应该支付的费用而生气，您看看，这多划不来，您说是吗?更何况，要不要多挑的权利在您手上啊!”（要求） （7）“但是，我相信您绝对会为新娘买下这些照片，应为您比我想要，还喜欢这些照片，对吗?”（赞美） （8）“好啦，我们现在专心来挑照片，至于相册的制作，我会交代美工组，把您的照片特别精心设计。”（要求）
客户对放大的框有意见	（1）“您真是一位相当具有美感的人，所以也特别有主见。”（认同）（赞美） （2）“因为所有的框条全部都是进口，所以公司特别参考当地住屋条件先做筛选，选出最适合的进口条框。”（举例） （3）“当然，制作部的艺术工作人员，以您所选照片底色来搭配选择!”（认同） （4）“您要的框，目前已较不流行，所以千万要考虑清楚，只要10天的时间即可为您更换，当然您只好再跑一趟喔!”（举例） （5）“现在您两位先商量一下吧!我用专业的角度告诉您，希望到时候，你不会失望才好，您说对吗!毕竟已经有人换好框之后，才又后悔啦!如此，既浪费您的宝贵时机，又浪费您的体力。”（要求）
当客户嫌照片中POSE变化太少时	（1）“你想象力蛮丰富的哦!”（认同，赞美） （2）“其实说真的，动作太大或动作太难，可能不是很适合，您本身也比较适合典雅，自然一点的照片，对不对，一般除了模特与动作大小可能专业训练练过，不会有做作的感觉，一般客户如果动作大些感觉不自然又做作，反而不好看，你觉得呢?其实你这样静静的感觉反而有把您的气质拍出来呢!”（举例，赞美） （3）“我帮你选择，可让您的本子设计起来不但漂亮且又有变化，相信我专业的眼光如何?”（要求）

当发生火情时，店长应采取不同的应对措施，具体如图1-4所示。

相邻门店火灾

- A　观察火势
- B　若是小火，必要时可安排人手利用灭火筒帮忙扑灭
- C　若是大火，立即疏散客户及员工
- D　在安全的情况下关闭收银机电源及将铁闸拉下
- E　在安全的情况下打119报警及通知总部
- F　留在安全的地方等总部及消防人员到来

门店内火灾

- A　观察火势
- B　若是小火，可利用灭火筒扑灭
- C　若是大火，立即疏散客户及员工
- D　在安全的情况下打119报警及通知总部
- E　穿着工衣，留在安全的地方等总部及消防人员到来

图1-4　火灾应对措施

随手札记

八、做好拍摄安全监督

作为店长，有一项工作是绝对不能忽视的，那就是拍摄安全。因为这是所有工作的最基本保障，只有保障了客户与员工的安全，才能更好地提供优质的服务。店长不可能时刻跟着每一位客户拍摄，因此需要提高拍摄相关工作人员的安全意识。在此，提供一份婚纱影楼店拍摄安全管理手册，仅供读者参考。

【范例 08】

××婚纱影楼店拍摄安全管理手册

一、外景拍摄安全

（1）在拍摄时，如果客户需要脱鞋，要确定其站立的地方地面是否安全，清理掉一些能让客户脚步受伤的异物。提醒客户在拍摄之前尽量不要光着脚乱走，以免划伤脚部。

（2）新娘鞋子一般是高跟鞋，某些客户不习惯穿高跟鞋，加上外景比较累容易扭伤或摔倒，在拍摄过程中要提醒客户小心，切忌为了赶时间催促客户。

（3）海边拍“踏浪”时，要留意水中是否有毒鱼类，查看下水中是否有锋利的碎石、玻璃等物。

（4）在要求客户做跑、跳等拍摄姿势时，摄影师要了解客户的运动能力，并告知客户动作要领，提醒客户不要用力过猛防意外。

（5）避免在有危险的斜坡、水边、坎等地形拍摄。

（6）雨后不宜在湿、斜、滑的地方拍摄，要选择安全地点拍。如果拍摄中下雨，摄影师应与客户商量换室内拍摄或延期拍摄。

（7）走入树丛、草丛、灌木丛内拍摄时，首先确认是否有安全隐患，注意蛇或其他昆虫小动物咬人。

（8）摄影师必须了解拍摄基地的环境和安全，开通新签约拍摄基地时，摄影师更加要小心陌生环境拍摄的安全，留意附近的警告牌，免生意外。

（9）总调、摄影师、行政工作人员都要了解拍摄点最近的诊所、医院等。

（10）在出发前一天和拍摄当日，总调要留意天气预报以及天气的转变，以防恶劣天气带来安全隐患。

（11）出外景时，工作人员要带上小型应急药箱，万一不慎有损伤，可立时消毒、包扎。

（12）乘车途中提醒客户乘车安全，如系安全带，头手不伸出窗外，加油站不抽烟。

二、室内拍摄安全

（1）店长应定期检查全店安全和影棚内的安全。

（2）摄影师有责任在拍摄前检查影棚内的安全，一旦发现安全隐患，应排除后再拍摄。

（3）注意电路、用电设备的安全连接，要避免出现漏电和打电火花。如果电路和设备的问题要及时向领导反映，并找电工消除安全隐患。

（4）检查影棚内不能有任何针、钉

类尖锐物品。

（5）小心拍摄时客户坐、靠、躺时不被碰、撞、跌、砸伤。

（6）引导客户美姿时，要防跌倒、撞伤。

三、街拍安全

（1）街拍时提醒客户注意过马路安全，摄影师和助理应走在客户的迎车一侧。

（2）街拍时提醒客户注意财物安全，人流多处注意扒手。

（3）无论何时何地拍摄，如果答应为客户保管重要财物必须尽责，遗失客户财物自己负全责。

四、特殊人群拍摄

（1）中老年外景拍摄时尤其要注意安全，应小心谨慎关注客户安全。

（2）儿童多动，要留注意儿童乱动摄影棚内各种电器、设备，控制儿童跑跳爬高，防止撞、摔等各种意外伤害。

（3）非儿童专用影棚安全措施远不如儿童专用影棚，拍摄儿童相如果选择非儿童专用影棚时，应万分小心，须确保万无一失才可使用。

（4）孕妇拍摄时建议须有专人陪护，尤其防止滑倒、跌倒。

（5）拍摄性感写真照时，如果是男摄影师对女客户拍摄，须与客户妥善沟通，是否需要另一名女性在场。在拍摄时，务必避免非礼嫌疑。

九、查看工作日报表

店长应如何了解当天的营业状况呢？最简单也是最快的方法便是查看日报表，以此来清点营业额。如果当日销售日报表没有做好，店长可以查看各个部门的日报表。当然，不同的门店制作的报表略有差异，不过大致都是相同的。在此，提供一份婚纱影楼的日报表，仅供读者参考。

随手札记

【范例 09】

××婚纱影楼门市部日报表

门市主管：　　　　　　　　　　　　　　　　　　　　　　　　年　　月　　日

门市	先生姓名	女士姓名	预约婚纱照定金	婚庆定金	写真定金	全家福定金	婚纱照拍摄	写真拍摄	全家福拍摄	婚庆付款	选片金额	看版设计	取件	选婚纱	备注
进客量				成功预约											

备注：责任人填写必须字迹工整清晰，不得涂抹。每日早上领取下班之前交店长。不交漏交，每次处罚现金××元。

【范例 10】

××婚纱影楼财务日报表

财务人员：　　　　　　　　　　　　　　　　　　年　　月　　日

收据编号	预约定金	拍摄付款	选片金额	精华素	出租皇冠饰品	婚庆定金	婚庆付款	婚纱押金

随手札记

【范例11】

××婚纱影楼日报表

预约客户姓名	编号	套系	定金	余款	门市	备注
当日拍照客户姓名	编号	套系	拍摄补款	余款	门市	备注

（续表）

看样客户姓名	编号	总金额	金额	余款	门市	备注
化妆客户姓名	总金额	定金	余额	内容	化妆师	备注
总金额	实收现金	刷卡	填表人	财务	门市	备注

管理心得

管理心得，其实是婚纱影楼店店长对自己个人工作的总结。可以是对某一个事件的看法，也可以是某一项工作的实施计划；可以是成功的经验，也可以是失败的教训。

我的日管理心得

已办事项	
未办事项	
待办事项	
通过这一天的工作，我最大的收获是：	

第二章

如何安排与落实一周工作

新的一周又开始了，该怎样来做好这一周的工作呢？仔细想想，本周有哪些主要工作：新增客源信息汇总；要对本周销售情况进行分析；有一批新员工即将入职……事情这么多，怎样才能理清呢？仔细看看，哪些必须在第一时间内完成，哪些可以稍微往后延……

如果你每周都处于这种忙碌状态，那就要做好一周工作安排与落实。通过本章学习，相信你一定可以远离这种状态，从而让工作更加有条理，更加轻松愉快！

一、如何制订一周工作计划

（一）每周时间分析

婚纱影楼店店长可以从周一到周五，连续进行工作（活动）分项分析，将其统计结果分别填入表2-1。误差就是实际用时与计划用时之差，无计划的工作事项，计划用时则计为零。

特别提示：

对于每一周的工作事项，店长可以参照第一章中一日计划里对工作事项的相关分析，将工作按照紧急重要性进行安排，确保完成重要工作。

（二）制订工作计划

有些工作要周一做，有些工作要周二做，那么店长如何安排一周的工作时间呢？其实，你可以制订一个周计划表，对

表2-1　每周时间分析表

时间 活动	计划用时							实际用时							误差
	周一	周二	周三	周四	周五	总计	排序	周一	周二	周三	周四	周五	总计	排序	
召开员工周例会															
门店店面巡视															
向上级汇报上周门店业绩情况															
查看去年同期销售情况															
组织开展新员工培训工作															
对本区域进行市场调查															
与客户沟通协调															
……															
总计															

一周时间进行合理分配。表2–2是××婚纱影楼店店长的周工作计划表。

二、怎样主持门店周例会

员工周例会一般定为每周一上午召开。所有员工参加，店长主持。店长不在时由店长助理主持召开。会议除了回顾本周工作、安排下周工作以外，有时候还要研究一些专门的问题，如产品开发、客源开发等。一般来说，员工周例会有以下几个方面的内容：

表2-2　周工作计划

序号	工作内容	阶段目标	目标完成时间							责任人
			周一	周二	周三	周四	周五	周六	周日	
1	组织安排新员工培训	带领新员工参加总部培训	○	○						
		开展本店新员工培训			○	○	○	○	○	
2	检查产品及服务情况	检查产品及服务基本信息是否准确	○							
		检查产品及服务是否及时更新		○						
3	员工工作现场指导	陪同协助员工谈单				○	○			
		陪同协助员工市场调查						○	○	

随手札记

特别提示：

店长要分析并检查询问员工上周工作完成情况，布置安排本周工作，内容主要有以下几个方面：人员安排协调；本周工作重点；通报总部研究决定的有关问题和工作要求等。

（1）店长助理通报分析上周婚纱影楼店交易情况，并与前周比较，与上个月和上一季度的同期比较。

（2）优秀员工分享经验。

（3）提出下周工作目标。

不过，让许多店长苦恼的是，周例会并没有达到预期的目标，反之遭到员工的抵触。如果是这样，店长则要思考原因何在。怎么才能开好周例会，提高周例会质量。在此，提供一份婚纱影楼店店长开好周例会经验总结，仅供读者参考。

【范例01】

××婚纱影楼店店长开好周例会经验总结

根据公司总体工作目标的分解，把各个岗位的周工作计划制定抓紧抓实，做到目标清晰、责任明确。以此作为开好周例会、提高周例会质量的基础和前提。

一、强化周例会纪律

（1）每周必须召开，可以采取多种多样的形式。

（2）由例会主持人（正常情况由店长、店长助理主持）作为周例会责任人（保证例会按时召开；保证参加会议人员无特殊情况不缺席；保证按规定程序人人发言；保证会议记录真实、准确、全面；保证会议纪要不弄虚作假）。

（3）主要围绕周工作计划完成情况进行。

（4）无特殊情况不许请假。

（5）到会者必须按设计的程序发言，能够量化的工作一定要用数据表示，所有工作问题不能用“大概”“几乎”“假如”等模棱两可的语言表达，态度要明确，界面要清晰，不争成绩、不推责任、不做老好人。

（6）每个人必须带好笔和记录本，并且按会议记录格式做好与自己工作有关内容的记录（散会时会议责任人检查）。

（7）专人做好整个会议记录。会后3小时内整理出会议纪要（电子版和纸质版），一份存档，一份交上级领导。会议纪要必须列出：哪些已经完成的工作向上级汇报，哪些工作问题需要上级的支持才能完成。

二、例会流程

（1）根据周工作计划汇报工作完成情况。

（2）对没有完成的工作做出说明（什么原因没有完成，什么时候能够完成，用什么办法完成，需要上级或者其他部门什么支持）。

（3）下周的工作计划是什么（完成计划可能碰到的问题和需要的支持）？

（4）有什么合理化建议。

三、怎样做好店面广告

制造婚纱影楼店充满活力的形象是做好店面广告的最重要目的。同人际交往一样，人们喜欢的门店，绝对不是一间死气沉沉、默默无闻的公司，店长应当尝试从以下的方面去制造这种活力：

（1）在每周六、日可在店堂门前安排彩妆发布会、小型展示说明会等形成文化形象的活动。这种小型活动不宜商业味太浓，突出文化品位。

（2）店面玻璃应保持干净，同时不要随意张贴“招聘”“打折”“送礼”等字样。做促销时，留一两个橱窗宣传活动主题。不做促销活动时，只需公司LOGO及口语CI，形成高雅的品牌形象。

（3）店堂高度达3.5米以上时，为营造店内气氛或配合专案活动时，可制作横向双面悬挂式吊旗，规格一般为70厘米×50厘米，可以使用KT板制作，双面贴上背胶纸喷绘的宣传画，也可以用有机玻璃制作，单面贴塑基即时帖字稿。

（4）在公司业务尚未开展到有稳定的客户群体时，为了制造营业大厅的热闹气氛及繁忙的景象，可以在没有客户或客户较少的日子安排店内员工或“外线”人员抵充客户，进行化妆造型活动，并要坚持相当一段时间，直至公司有了稳定的客户群为止。

（5）店内大堂要设有优质广播系统，在有客户订单后都要及时播报祝贺词语，并全体鼓掌祝贺。日常状况下，应该制作在店内播放的专属音乐广告录音，不停地播放，音乐可以从通俗音乐中选择一些有品位的，休闲型的乐曲来使用。乐曲的间隙，加上本公司的形象宣传（包括企业文化、品牌宣介、风格特色、独家优势及CI口语等）的录音，普通话一定要标准、声音一定要柔和。

随手札记

特别提示：

公司的车辆，不论是专用外拍车、公务车、货运汽车，都要精心设计车体广告。在外拍时，尤其是在有人参观的旅游区、市内公园外拍时，一定要穿用印有公司标志的工装，打出印有公司名称和宣传口语的旗帜、条幅等。

四、设置员工打折权限

对于不同职位的员工，其所享有的打折权限是不一的。因此，店长应根据本店的实际情况与公司的相关规定，设置员工的打折权限。在此，提供一份婚纱影楼店打折权限，仅供读者参考。

【范例02】

××婚纱影楼打折权限设置

接单

级别	价位1	价位2	价位3	价位4	价位5	价位6
	1000～2000	2000～3000	3000～4000	4000～5000	5000～6000	6000元以上
普通员工	9.5折	9.3折	9.1折	8.9折	8.7折	8.5折
主管级	9.2折	9.0折	8.9折	8.7折	8.5折	8.3折
经理级	8.8折	8.8折	8.7折	8.5折	8.3折	8.0折
总经理	8.5折	8.5折	8.5折	8.2折	8.0折	7.8折

备注：客户可以选择折扣或选送产品，两者不能同时享受。

二次消费

级别	价位1	价位2	价位3	价位4
	300～600	601～1000	1001～1500	1501以上的
普通员工	9.5折	9.3折	9.1折	8.9折
主管级	9.2折	9.0折	8.9折	8.7折
经理级	8.8折	8.8折	8.7折	8.5折
总经理	8.5折	8.5折	8.5折	8.2折

服装+鲜花+安瓶+其他

级别	服装	鲜花+安瓶+其他
普通员工	8.5折	9.5折
主管级	8.0折	9.0折
经理级	7.5折	8.5折
总经理	7.0折	7.8折

五、积极应对客户投诉处理

（一）真心体会客户的抱怨

抱怨是客户对自己的期望没有得到满足的一种表述。以正确的态度对待客户不满，不要害怕客户的抱怨，不论任何行业都无法避免客户的抱怨。理由很简单，凡是由人来做的事就难免会有过失，人不可能十全十美，完全不发生任何疏忽。不小心脱口而出的话，或者无意识的行为表现，往往会给别人带来麻烦，有时还会得罪人。没有人希望遇到这种情况，不过客户的抱怨终究还是会存在的。因此，当有客户找上门时，店长应真心体会客户的抱怨，站在客户的角度考虑问题，找出问题的关键，积极应对。

特别提示：

客户抱怨既是经营管理不良的直接反应，同时又是改善销售服务十分重要的信息来源之一。

随手札记

（二）处理客户投诉的原则

店长在处理客户投诉时，应坚持的原则如图2-1所示。

原则一	树立“客户永远是正确的”观念，必须以使客户满意的方式解决问题
原则二	客户的投诉就是火警，要按“119”原则火速处理，在客户不悦之前，消费结束之前，客户离店之前，离店24小时之前
原则三	克制自己，避免感情用事，冷静的慎选用词，用缓和地速度来说话，争取思考时间
原则四	牢记自己代表的是企业形象，绝不能抱着“不关我事”的态度
原则五	处理客户投诉时切忌拖延，而且处理客户投诉的行动也要让客户明显地觉察到，以平息客户的愤怒
原则六	向客户道歉时要有诚意，绝不能口是心非，应该发自内心地关心客户的焦虑
原则七	对客户提出的不满要以婉转的语气，心平气和的加以解释，如果没必要解释的，不说为宜

图2-1　处理客户投诉的原则

（三）处理客户投诉的策略

店长在处理客户投诉时，可以采取以下策略：

（1）不要与客户争辩，切记“你永远不可能辩赢客户”。

（2）时时保持沉着冷静。

（3）别把责难当作冲着自己来，也不是针对某一个具体品牌，而是气愤之中整个行业的全盘否定，试着保持客观，体会客户的心情。

（4）表达歉意，即使这次损害并不是你所造成的。

（5）用“我可以理解你的感受”，“我能理解您说的事情”。

（6）称呼客户的名字。

（7）所有的沟通应以第一人称进行

“我”而不是“我们”。

（8）不要帮公司其他人找借口或责难，客户想要的是解决问题的办法，而不是探究贵公司内部运作的问题。

（9）把注意力集中在客户身上，保持适度的眼神接触。

（10）用适当的话重新阐述客户的抱怨，确保自己了解实际的情况，再把全部情况复述一遍，核对自己的理解是否正确：“我想确认一下我是不是了解您的意思？”

（11）如果不知如何解决问题，不要撒谎，承认你不知道，并承诺将会找出办法，而且在具体的多久时间内答复他们。

（12）答应回电就“务必”要回电，即使因为某种理由无法在答应的时限内获得令人满意的答复。

（13）让客户成为解决问题的一部分，而非麻烦的一部分。

（14）告诉他们你“可以”做什么，而非你不能做什么。

（15）找出可以让客户从不满意变成满意的办法，他们想要退款、折扣、换货吗？提供一个解决办法，取得客户同意采取这个办法可以补其抱怨的答复。

（16）如果客户同意这个解决办法，要赶在他们改变主意之前迅速行动，如果客户不喜欢这个解决方式，问问他们觉得怎么样才公平恰当。

（17）根据客户的回答采取适当的行动。

（四）不同投诉方式的处理方法

对于不同投诉方式，店长可以采取不同的处理方法，具体如表2-3所示。

（五）处理客户不满意的步骤

客户投诉意见处理的基本原则是：妥善处理每一位客户的不满与投诉，并且在情绪上使之觉得受到尊重。店长在处理

随手札记

表2-3　不同投诉方式的处理方法

投诉方式	处理方法	
电话投诉	有效倾听	仔细倾听客户的抱怨，站在客户的立场分析问题的所在，利用温柔的声音及耐心的话语表示对客户不满情绪的支持
	掌握情况	尽量在电话中了解客户所投诉事件的基本信息。其内容主要包括4W1H（Who、When、Where、What、How）原则，即什么人来电投诉、该投诉事件发生在什么时候、在什么地方、投诉的主要内容是什么、其结果如何
	存档	在接听投诉电话时做好笔录（如有可能，予以录音存档），以供及时有效解决客怨
当面投诉	（1）将投诉客户请至会客室或办公室，以免影响其他客户 （2）千万不可在处理投诉途中中途离席，让客户等候 （3）严格按公司规定的“投诉意见处理步骤”妥善处理客户的各项投诉 （4）各种投诉都需填写“客户抱怨记录表”。对于表内的各项记载，尤其是客户的姓名、住址、联系电话以及投诉的主要内容，必须复述一次，并请对方确认 （5）所有的抱怨处理都要制定最后的期限 （6）如有必要，应亲赴客户住处访问道歉解决问题，体现出本店铺解决问题的诚意 （7）处理所有的客户投诉时，店长必须掌握机会适时结束，以免因拖延过长，既无法得到解决的方案，又浪费了双方的时间 （8）客户投诉意见一旦处理完毕，必须立即以书面的方式及时通知投诉人，并确定每一个投诉内容均得到解决及答复 （9）由消费者协会转入的投诉事件，在处理结束后必须与该协会联系，以便让对方知晓整个事件的处理过程 （10）对于有违法行为的投诉事件，如寄放柜台的物品遗失等，应与当地的派出所联系 （11）谨慎使用各项应对措辞，避免导致客户的再次不满 （12）注意记住每一位提出投诉意见的客户，当该客户再次来店时，应以热诚的态度主动向对方打招呼	

客户投诉意见时应遵循的步骤，具体如表2-4所示。

（六）处理客户投诉时的措辞

处理投诉有补偿、赔罪、说明、说服等几种方式，都必须配合适当的态度、声音和措辞。让抱怨客户心服口服的关键在于措辞的技巧，一旦措辞运用不当反而会弄巧成拙，让客户怒火中烧，原本能解决的事也变得不可解决。店长在解决客户抱怨是尽可能使用可以缓和客户不满和怒气的措辞。在此，提供一份婚纱影楼店客户抱怨处理规范，仅供读者参考。

【范例03】

××婚纱影楼店客户抱怨处理规范

一、缓和客户的怒火

（1）“对不起，不知道有没有造成您的困扰？”

（2）“造成您的困扰了，真是对不

表2-4　处理客户投诉意见的步骤

<table>
<tr><th>序号</th><th>步骤</th><th colspan="2">具体说明</th></tr>
<tr><td>1</td><td>保持心情平静</td><td colspan="2">为了缓解客户激动的情绪，让彼此可以客观地面对问题，最好的处理方式是心平气和地保持沉默，用和善的态度请客户说明事情的原委</td></tr>
<tr><td>2</td><td>有效倾听</td><td colspan="2">（1）一般客户前来投诉，其情绪都是比较激动，店长应保持平静的心态，善意接待。有效倾听就是为了让客户心平气和。诚恳地倾听客户的诉说，并表示你完全相信客户所说的一切，要让客户先发泄完不满的情绪，使客户心情平静，分析客户不满发生的细节，确认问题的所在
（2）不论是什么样的诉怨，都不要试图马上为自己辩解，应让客户尽情地说完，客户会因满足感而觉得安慰。因为任何的辩解都会刺激客户的情绪，容易引起客户的反感
（3）在倾听过程中，店长千万不能让客户有被质问的感觉，遇到不明白的地方，应以婉转的方式请客户说明情况</td></tr>
<tr><td>3</td><td>运用同情心</td><td colspan="2">在有效倾听客户投诉后，应以同情心来回应客户的投诉意见，要不带任何偏见地站在客户的立场来回应客户的问题，即扮演客户的支持者角色，让客户知道你对问题的了解和态度</td></tr>
<tr><td>4</td><td>表示歉意</td><td colspan="2">（1）不论客户提出何种意见，其责任是否属于本公司。如果店长能够诚心地向客户表示道歉，并感谢客户提出的问题，这是客户衡量公司对自己是否尊重的重要因素
（2）客户是好意才会说出诉怨。应把客户的投诉意见视作对本店的关心与爱护。如果没有客户提出投诉或意见，就往往不知道自己存在的不足和需要改进的地方，促进公司更加进步，给公司带来有形和无形的利益，因此，店长应向任何一位投诉的客户道歉并表示感谢</td></tr>
<tr><td rowspan="3">5</td><td rowspan="3">分析客户投诉的原因</td><td>抓住客户投诉的重点</td><td>掌握客户投诉问题的重心，仔细分析该投诉事件的严重性，判断问题严重到何种程度。同时有意识地试探和了解客户的期望</td></tr>
<tr><td>确定责任归属</td><td>客户投诉意见的责任不一定是公司，可能客户本人所造成，因而应确认责任归属。如责任在于公司，应立即解决；如责任在于客户，则心平气和地做出令客户信服的解释，并尽可能提出其他建议等补救措施</td></tr>
<tr><td>提出解决方案</td><td>对所有的客户投诉意见，都要有处理意见，都必须向对方提出解决问题的方案。店长在提出解决问题的方案时应从以下几点加以考虑：
（1）公司的方针以及客户投诉意见的有关处理规定，既要迅速，又不能轻率地承担责任。有些问题援引既定办法，无法援引的问题，考虑公司的原则做出弹性的处理，以便提出双方都满意的解决办法</td></tr>
</table>

（续表）

<table>
<tr><th>序号</th><th>步骤</th><th colspan="2">具体说明</th></tr>
<tr><td>5</td><td>分析客户投诉的原因</td><td>提出解决方案</td><td>（2）处理权限规定。按处理权限确定处理责任人，在服务人员无法为客户解决问题时，尽快（不能让客户久等）找到相应具有处理决定权的人员来解决。但必须向客户讲述清楚，以取得客户的详解
（3）例用先例。让每一个投诉事件的处理方法具有一致性。如同一类型的客户投诉意见，因为处理人不同而有不同的态度与做法，势必让客户丧失对公司的信赖与信心。因此，店长在处理投诉时要注意适当利用先例，参照具有共通性的投诉事件处理同类抱怨。公平一致性地对待所有客户的投诉，提高公司对客户投诉意见处理的效率</td></tr>
<tr><td>6</td><td>让客户同意提出的解决方案</td><td colspan="2">（1）提出任何解决方案，都必须亲切诚恳地与客户沟通，以期望获得客户的同意，否则客户的情绪还是无法回复。若客户对解决方案仍然不满，必须进一步了解客户的需求，以便做新的修正
（2）在提出解决方案的同时，店长必须尽力让客户了解本公司对解决这个问题所付出的诚心与努力</td></tr>
<tr><td rowspan="2">7</td><td rowspan="2">执行解决方案</td><td>亲切地让客户接受</td><td>如果是权限范围内处理的，应迅速圆满解决。亲切地向客户陈述解决的具体方法并详细说明，以促进客户愉快地接受，当双方都同意解决方案之后，立即执行解决方案</td></tr>
<tr><td>不能当场解决的投诉</td><td>（1）若由于种种原因不能当场处理该客户的投诉，应告诉客户原因，特别详细说明处理的过程和手续，约定其他时间再做处理
（2）此时应将经办人的姓名、电话等待告知客户，并留下客户的姓名、电话与地址等联系方式，以便事后追踪处理
（3）在客户等候期间，随时了解投诉意见过程，有变动必须立即通知客户，如果客户有所询问时，应迅速清楚地回应，直到事情全部处理结束为止</td></tr>
<tr><td rowspan="2">8</td><td rowspan="2">检讨与通报</td><td>检讨</td><td>（1）投诉负责人必须统一做好记录，深入了解客户的想法，这样客户也会回以慎重的态度
（2）每一次客户投诉意见记录，都应存档，以便日后查询，并定期检讨产生投诉意见的原因，从而加以修正
（3）对于可以事先预防的经常性发生的具有普遍意义的必须进行调查，追踪问题根源，定出此类事件的处理办法，并及时做出改进管理和作业规定，以尽量杜绝今后此类事件再次发生
（4）对于偶然发生或特殊情况的客户投诉意见，公司也应做出明确规定，作为再遇到此类事件的处理依据</td></tr>
<tr><td>通报</td><td>对所有客户投诉意见，其产生的原因、处理结果、处理后客户的满意情况以及公司今后的改进方法，应及时用各种固定的方式，如早会、晚会、例会公告或公司的内部刊物，使全体员工能迅速改进客户投诉意见的种种因素，并充分了解处理投诉事件时应避免的不良影响，以防止今后类似事件再次发生</td></tr>
</table>

起。”

（3）“真是很对不起，能不能告诉我到底发生什么事了？”

（4）“真的很对不起，能不能告诉我到底发生什么事了？”

（5）“对不起，能不能具体告诉我事情发生的经过？”

类似以上的说法，记得一定要使用“对不起”的措辞。

二、倾听客户抱怨时说的话

附和客户的话，边点头边说“是的”“是这样啊”以示同意，听对方说话的时候，请尽量使用表示了解的话。不要在客户表达不满时中途反驳或插嘴。

三、客户说完时你回应的话

1. 完全了解的时候

（1）“我了解了。”

（2）“我完全清楚了。”

2. 不了解的时候

（1）“对不起，您可不可以再说详细一点？”

（2）“对不起，是刚才的同事没听清楚你的意思，可不可以再说一遍呢？”

3. 自己并非承办人的时候

（1）如果承办人在，你了解客户在说些什么的时候，你要告诉对方“不好意思，您所说的由我们专门人员办理，现在我马上为你请承办人来接手这件事，请稍候”并立即交棒。

（2）如果承办人不在，“我不太了解您所说的情况，但是我会把事情的来龙去脉转告相应的承办人，但现在不在，您是××先生吧！如果可以的话，是否可以告诉我您的地址和电话，我是××”负责代理并非自己分内的事的时候，要先确认客户的姓名、住址和电话号码，并报上自己所属的部门及姓名。

四、激怒客户的时候

（1）“对不起，是不是有什么令您生气的事？可不可以告诉我事情的始末？”

（2）“惹您生气了，真是对不起。”

（3）“我知道自己不小心引起您的不满，但我诚心诚意地向您道歉。”

（4）“我了解您的意思，如果您允许的话，明天我将对这件事和公司的主管谈一谈，之后再回答您可以吗？”

随手札记

（5）“如果因为我的说法不好，而让您觉得不愉快的话，我诚心地向您道歉。”

五、当客户说“叫主管出来”时

“这件事由我全权处理，承办人正是我。”

处理客户的抱怨，基本是由承办人员亲自来处理为原则，绝对不要把组织中最高层级主管牵涉进来。不过，如果对方坚持“叫主管出来”或是“叫能做主的人出来”时，你就跟他说“那请您稍等一下”，然后立刻禀告比你资深的前辈或是公司的主管以决定因应对策。

六、当客户说“看你怎么办”时

“您所说的话我非常了解，发生这样的事我很抱歉，在我和主管谈过之后，我会再给您一个答案。”超出自己处理权限，要和主管谈过之后再根据指示处理，但如果是自己权限内能决定的事，就要马上下决定。

七、其他情况

客户：“不能算便宜一点吗？好贵喔！”

服务员：“真的很抱歉，这已经是减价后价钱了。我只是一个店员，没有办法以自己的意见来决定价格，请您谅解。”

如果有议价空间，可以根据自己的权限稍微减价达成买卖。

（七）至关重要的道歉方式

作为店长，需要掌握正确与错误的道歉方式，具体如图2–2所示。

1 正确的道歉方式

（1）“我向您道歉”。在表达“我向你道歉”之后应该跟进提出问题的解决办法。正确的道歉方式：“不好意思对您造成的困扰，我向您道歉……”

（2）“哎呀，真是太糟糕了！”表达对客户的诚意及同情心，表明在乎客户感受。表达是注意肢体语言，嬉皮笑脸的表达容易让客户理解为幸灾乐祸，激怒客户

（3）“谢谢您……”“谢谢您告诉我这件事！”“谢谢您让我注意这件事！”尽量使用“谢谢您”来代替“对不起”“真的很抱歉”使自己在沟通中处于劣势的话

2 错误的道歉方式

（1）只说“对不起”

（2）旨在推诿的“真的很抱歉”。很容易被人认为没有诚意，显示出明显不愿负责的心态。意味着服务人员急于结束话题，不愿负责。意味着服务人员准备开始踢皮球，推掉责任

（3）冷漠的“谁管你！”道歉时，服务人员的内心“谁管你！”的想法通过语言清晰地传达给客户

图2–2　道歉方式

六、如何利用微信营销

如今的高科技时代，也让影楼活动策划逐渐走向新时代的网络应用期。如今很火的微信营销，店长应如何利用其做策划活动宣传呢？

（一）新客户开拓系统

新客户开拓系统主要建立在微信的定位功能基础上，利用微信“查找附近的人”功能锁定潜在客户最为集中的区域并添加对方到影楼的微信号上，与客户进行沟通。婚纱影楼通常可以把锁定区域设在当地的婚姻登记处，不断搜索附近的人并添加聊天就可以增加潜在客户。

店长一定要针对通过微信过来的客户策划出很多专门的活动，让微信会员享受到额外的优惠或者服务，才能打动消费者。店长可以采用“微信营销系统”，微信营销系统运行在电脑上，系统内置地图，可以指定地球上任何地方搜索附近的人，可以设置10条打招呼用语，自动给每一个对象打招呼和添加，添加完后还可以自动群聊。

（二）老客户维护系统

老客户包括已经消费的老客户和进店但未消费的老客户。对老客户的维护主要通过微信公众平台来实现。

（1）影楼生成一个微信公众账号，同时生成一个从属于这个公众账号的二维码。这个公众账号只能在电脑上使用。微信用户用手机上的二维码扫描功能扫描该二维码时就会自动关注该微信公众账号，成为其订阅用户或者称之为“粉丝”。

特别提示：

影楼可以把二维码印制在消费者可能会看到的一切地方，并不断提醒消费者扫描二维码可以享受到微信会员服务和额外优惠或者赠品等。

随手札记

(2) 影楼可以通过微信公众账号向所有的订阅用户发送影楼文化、结婚消费知识和打折促销信息等。

(三) 老客户转介绍

老客户的转介绍对影楼非常重要，部分影楼的老客户转介绍所占比例非常高。让老客户非常方便地将影楼推荐到亲友的同时自动地获得影楼积分或者现金返还。

七、如何利用微博营销

现在婚纱影楼的官方微博随处可见，不过做了微博营销的也屡见不鲜。通过微博营销赚钱的少之又少。对于企业来说，微博营销的是什么？是企业文化、企业思想，而不是企业产品。

因此微博上是不适合做广告的，没有意义。如果你有3000个真实粉丝，相当于一份报纸，你在发微博，他们在看你的微博。微博对于网友来说，网友的动机在哪里？在玩！

玩微博，主流网友看你的微博好不好，是取决于你的微博好不好玩。什么微博是好玩的微博？其中包括三点：一是有意思，能让人找到乐；二是有内涵，能让人学到点东西；三是有货，让人觉得有便宜可占。

婚纱影楼在利用微博时，应避免以下四种常犯的错误。

(一) 过度依靠物质奖赏

有奖活动不能做太多，一个月做四次最合适。“活动+奖赏+谈论+转发”是当前大多企业微博都走的套路，主要是经过活动用物质奖品招引粉丝参加，若是企业微博的重视度只能单纯依靠对粉丝的物质奖赏，那么大部分粉丝们仅仅冲着奖品来的，这样的粉丝黏性不高，对企业的商业价值并不大。限时抢购、优惠券、赠品等是招引粉丝重复光临的方法，但不能够每天都有奖品赠送，即便每天都有礼物，结尾留下的也都是只为了来收取奖品的专业领奖户。不只劳财吃力，还对企业的出售没有大的协助。任何商业行为都必须有相应报答，企业结尾需求从转化出商业价值，企业就需求具有有价值的粉丝。最中心的东西不在于物质奖赏，而是供给消费者有价值的东西。

(二) 内容和定位不一致

为了招引粉丝重视，企业往往无所不用其极，为了取悦群众，在微博许多发布文娱搞笑信息，微博关于粉丝来说却是休闲东西，可是作为企业应该有明晰的定位，不能违背本身的推行意图。为了取悦更多的粉丝重视不吝将微博平台打造成文娱八卦灌水营，在粉丝们笑过骂过之后能否留心到你的产物和品牌呢？为招引用户所采纳的诙谐应该是和企业本身的推行在一起的，企业需求做的是如何将价值信息奇妙交融进粉丝感兴趣的话题中。

(三) 缺少互动

企业微博一定要跟粉丝互动，互动可以让你晓得你的粉丝在哪里，他们在议论什么，在寻觅什么样的内容，而这些正是您企业微博内容的来历，如有用户老是在诉苦你的某个产物不晓得如何去用，你就可以预备这方面的内容，或许内容不那么招引网友，也不会像冷笑话那么迎来许多转发，可是这种朴实无华的内容才是有营养的，由于其处理了某个粉丝的问题。从协助用户开端，为其供给及时有协助的信息，和他们对话，让粉丝觉得企业微博不是一个僵尸，而是一个可以触摸得到的人，背面有一帮活生生的人。

（四）微博发布过多

许多企业为了到达宣扬作用，在微博中灌水一向发布关联信息，只怕粉丝们注重不到，企业微博的宣扬信息一旦过量，就和作废广告没有区别了。显性的宣扬信息最多只能占有悉数信息的10%，多了自然会引起粉丝的恶感。其他的90%应是将信息奇妙的融入粉丝感兴趣的内容旁边。企业进行微博推行需求许多发布信息，许多发布可以包括在必定时间内占有重视者的微博首页，可是信息应以质量为先，其次再思索数量。抓住人道的特色和沟通的技巧关于企业微博来说分外重要。企业微博可以提供给人很风趣的感觉，如言语上尽量诙谐，回复生动风趣，削减文字堆砌，更多的配上图片。这样让粉丝自主情愿去重视企业的微博，对添加品牌的亲和力也很重要。许多企业都很看好微博这块大蛋糕，纷繁使用微博展开推行和推行。

在此，提供一份婚纱影楼店的微博营销方案，仅供读者参考。

【范例04】

××婚纱影楼每月免费拍活动

一、具体操作方式

关注××婚纱影楼的朋友们有福啦!凡参与此微博活动(转发+评论)积分累计888分以上就有机会入围价值2888元闺蜜照冠军评选资格；活动结束前一天公布入围名单；活动结束当天随机抽出一名为冠军得主；抽出三名为入围奖；拉上你的闺蜜；

随手札记

趁着年轻一起来拍个照吧!

二、活动参与规则

（1）加××婚纱影楼关注。

（2）当月(转发+评论)××婚纱影楼带有话题的微博内容。

（3）每条微博限每个账号(转发+评论)一次(多次转发评论按一次计算)。

（4）活动有效期××××年××月××日～××××年××月××日。

（5）此活动最终解释权归××婚纱影楼所有。

三、积分规则

摄影大课堂# 转发+评论 5分

新娘大变身# 转发+评论 5分

幸福来找茬# 转发+评论 5分

号外大事件# 转发+评论 5分

情定××婚纱影楼# 转发+评论 20分

××婚纱影楼直播间# 转发+评论 20分

四、奖品设置

（1）冠军奖品：价值2888元闺蜜照/写真/婚纱照。

（2）入围奖品：价值388元的精美相框一个。

八、如何利用网站营销

如果条件允许，那么店长应开设一个官网，利用官网网站来营销。

（一）网站首页设计

网站首页设计秉承简约大方的设计理念，力求在有限的空间里面，在最短的时间内把婚纱影楼店的专业特色展现在浏览者面前，使浏览者一进入首页就能够了解整个网站最新内容，从而吸引浏览者经常访问网站。网站首页要注重页面编排和页面设计，具体内容见表2-5。

（二）栏目设置

一般在婚纱影楼店网站还要设置其他相关栏目，具体内容见表2-6。

表2-5　网站首页设计

序号	项目	具体说明	备注
1	页面编排	充分体现网站首页的导航功能，对于网站的各部分内容展现做到不遗不漏，但又有所侧重	婚纱影楼店网站的核心在于婚纱影楼店完美形象的展示和对婚纱影楼店的先进服务理念、不同服务项目展示和介绍
2	页面设计	页面设计可以将常规的FlasH引导页面同网站首页融为一体，既能像引导页一样实现印象深刻的视觉冲击和品牌形象展示，又能不拘泥于此，直截了当地获取网站最新信息和核心内容，适应现在高效率和快节奏的工作、生活规律	整个页面设计以相关服务为核心，可使用多种展现手法，同时也要注重品牌、所推出服务和企业三者之间的平衡性

表2-6　其他栏目设置

序号	栏目	具体说明
1	人才招聘	制作一个动态数据库栏目，所有招聘信息都可以在此栏目内显示，会员或浏览者通过栏目同样可以获得相同的应聘服务
2	客户服务	主要是为婚纱影楼店做售后服务，完善婚纱影楼店服务体系，内容包括婚纱影楼店服务宗旨、服务热线、一些常见问题解答等
3	友情链接	一套自动生成友情链接的系统，管理员可以在后台里添加相应友情婚纱影楼店的名字，网站栏目内就可自动显示其公司的名字和链接
4	站点地图	本栏目为一个站点地图，婚纱影楼店站点可以用一种形式独特的表现方式来把网站内所有栏目进行分类并进行链接，可以让来到这个网站的客户或浏览者有一个很清晰的图感

（三）自营网站建设注意事项

婚纱影楼店如果是自己建设网站，需要注意下列事项：

（1）清楚地显示婚纱影楼店网站的信息。

（2）提供方便和可理解的浏览方式，甚至要为那些不愿或不能下载图像的用户考虑。

（3）只在有必要的地方加上图形和其他说明，因为并不是每个浏览者都能利用图形的。

（4）不要误导客户，不要贬低你的竞争对手，以免给你带来麻烦。

（5）企业形象吻合婚纱影楼店的市场定位，由于网页、网站主页和其他互联网信息经常被复制在图书、杂志、报纸和教科书中，确定婚纱影楼店网站上的企业

随手札记

形象对婚纱影楼店来说是合适的。

（6）开放式的主页。不要假定网站只能用某个特定网页浏览工具观看，更不要把主页设计得只有Netscape才可以浏览，应该让尽可能多的网页浏览工具能浏览到你的主页。

（四）与专业网站制作公司合作

婚纱影楼店也可与专业网站制作公司合作，请其负责网站建设。当然，一定要选择资质较好的公司，并且一定要与其签订网站建设合同，保证双方合法权益。在此，提供一份网站制作合同，仅供读者合同。

九、如何做好团购促销

团购就是团体购物，指的是多个消费者联合起来，增加自身与商家谈判的能力，以求得最优惠价格的一种购物方式。根据薄利多销、量大价优的原理，商家可以给出低于零售价格的团购折扣和客户单独购买时享受不到的优质服务。据了解，目前网络团购的主力是年龄在25～35岁之间的年轻群体，在北京、上海、深圳等大城市十分普遍。这与婚纱影楼的客户群体一致，因此团购促销对此十分适合。

目前，国内主要团购网站包括聚划算、拉手网、糯米网、窝

【范例05】

婚纱影楼店网站建设合同书

甲方：__________婚纱影楼店（以下简称甲方）

乙方：__________科技有限公司（以下简称乙方）

甲方在利用乙方提供的信息资源进行信息传播和自我服务时，应严格遵守国家的有关法律、法规和行政规章制度。遵守《中华人民共和国计算机信息网络国际互联网管理暂行规定》、邮电部《中国公用计算机互联网国际联网管理办法》和《中国互联网络域名注册暂行管理办法》等有关法律规定，甲方自行发布的有关信息不在乙方法律责任范围。为明确双方的权利义务关系，经双方协商一致，签订本协议。

一、网站项目内容

1．甲方委托乙方承担________网站项目开发，乙方根据甲方需求定制版面经甲方签字确认后，甲方不得无条件要求乙方修改版面的架构、颜色及增加新的网站功能和频道。

2．网站注册域名：________；空间使用标准：__________。

3．甲方应按合同要求完成项目资料的准备工作，提供必要的信息资料，积极协助乙方的开发工作。

二、首年网站制作总金额：为人民币____________元（大写）。

三、甲方责任

1．甲方有责任与乙方相互配合，在网站开发与实施过程中，保

证有甲方专人负责甲、乙双方的协调工作。

2. 甲方有责任提供相关的网站开发所需的文件、资料、电子版企业商标。

3. 甲方按合同规定按时支付乙方制作款，预付款不退还，按建站预定标准，网站设计直到甲方满意为止。

四、乙方责任

1. 乙方应按期保证完成网站项目的开发，并负责网站在服务器端的实施，使网站正常运行。

2. 乙方保证按合同期限完成网站开发工作，未经甲方同意乙方不得对第三方透露甲方的任何资料。

3. 乙方为甲方提供与"网站建设标准（方案书）"相同的网站建设标准和服务。

4. 网站开发完成，乙方要提供网站源程序和源代码给甲方；在网站建立和维护期一年内，乙方应对网站更新修改，并将更新的源程序和源代码提供给甲方。

5. 乙方应在网站建立和维护期一年内免费为甲方提供除网站内容更新以外的技术支持。

五、甲方权利

1. 凡涉及甲方的网站域名和空间在乙方注册和租用的，甲方拥有该网站的域名和空间的管理权和使用权。

2. 甲方网站的版权归甲方所有，网站内容的一切责任由甲方负责；甲方拥有网站制作程序和源代码的所有权和管理权。

六、乙方权利

1. 乙方为甲方制作的网站，在网站的每个页面和页脚下都要注上乙方的制作商标，甲方不得私自删除乙方的制作商标。

2. 在甲方没有付清乙方网站制作费期间，乙方有权停止甲方网站运行和拒绝提供源程序和源代码给甲方。

七、双方责任和协作事项

1. 甲、乙方双方必须保证其网站内容未违反国家法律、法规。

2. 乙方负责合同期内网站的维护工作和保证网站的正常运行。

3. 如甲方要增加新的网站功能和频道，甲方要按乙方网站建设收费标准相应的功能和频道所定的收费支付乙方费用，并且乙方需要与甲方另议网站维护合同。

八、违约责任和争议的解决

1. 本合同签订即生效，甲、乙双方必须全面履行合同所规定的义务，任何一方不得擅自变更或解除合同。

2. 由于违约造成本合同不能履行或不能完全履行的，责任方承担违约责任。

3. 甲方如不按合同付款，乙方有权停止甲方网站运作和拒绝提供源程序和源代码给甲方，直至结款后再开通和提供源程序和源代码给甲方；因不按合同付款而停止甲方网站运作造成的一切后果由甲方自负，乙方一概不负责；反之，乙方如果延期交付网站，每日罚金为合同金额的千分之五。

4. 网站验收完成，乙方将网站程序文件和源代码交给甲方后，甲方如私自改动源代码，造成网站出现程序错误，后果由甲方自负，乙方一概不负责。

5. 本合同未尽事宜，由双方友好协商解决，必要时，可签订网站建设补充合同。网站建设补充合同可作本合同不可分割的组成部分。

九、开发工期

1. 网站开发日期：乙方自甲方网站定版风格之日开始____天内完成网站的开发工作。

2. 如发生人力不可抗拒、自然灾害等客观因素或甲方未能做好的准备工作，由双方协商，工期顺延。

十、网站质量及保证

1. 乙方应按相关行业标准进行网站开发。

2. 甲方必须向乙方提供软件开发所涉及的文件、数据。

3. 网站投入运行后，乙方负责首年免费维护，并保证为期一年的网站系统及程序的正常运作。

4. 在开发过程中，甲方应全力配合乙方，以便更好地完成工作。

十一、验收

网站开发完成，由乙方提出书面验收申请，甲方须在3日内组织签字验收确认，如超过3日被视为已验收合格，并在6日内结清余款。

十二、网站续约

1. 本网站空间及域名自____年____月____日起一年内有效，有效期满后，甲方如需乙方对其网站进行网站内容和图片更新维护或网站升级则需另签订网站维护合同，其费用按乙方网站建设收费标准收取；甲方如不需乙方对其网站进行网站内容和图片更新维护或升级则只需交人民币________元/年（只含一个合同内指定域名和网站空间费），乙方应在空间及域名到期前10～15天通知甲方续费。

2. 若甲、乙双方不再签订网站维护合同，网站的内容和图片更新维护由甲方自理。

十三、付款方式

1. 签订合同支付全部款项的50%，初步稿子确认（签字盖章）另付40%，网站完成付完剩余的10%。

2. 付款说明：________________________________。

十四、本合同一式两份，双方各执一份，经甲、乙双方授权代表签字后生效，有效期为一年。

甲方：________________	乙方：________________
授权代表签字：________	授权代表签字：________
地址：________________	地址：________________
电话：________________	电话：________________
传真：________________	传真：________________
____年____月____日	____年____月____日

窝团、美团网、58团购、赶集团购、24券等。

（一）团购促销准备事项

婚纱影楼店在进行团购促销时需要做好各项准备工作，具体工作包括以下四项：

（1）明确团购目的。团购的目的不一，有的是为了吸引客源、让利促销；有的为了薄利多销、赚取更多利润；有的是亏本促销，求的是广告效应。婚纱影楼店一定要根据促销目的和自身接待能力制定相应的促销方案，明确促销产品的种类、价格及人数限额等。

（2）寻找合适的团购网站。选择团购网站时要考虑其品牌信誉度、团购经验、网站定位、合作方式和分利模式、所能提供的支持服务等。

（3）根据自身接待能力进行团购消费筹备工作，包括每日接待人数分流、工作人员培训、应急方案制定等。

（4）团购销售结束后，登录团购商家后台，查询订单情况和团购券使用情况。在团购用户到店消费时关注客户的反馈意见，以达到利润和口碑双赢、争取更多的回头客和新客源的目的。

（二）团购合作方式

团购合作方式主要有两种：一是团购网站主动出击，寻找有团购需求的商家；二是商家找到相应团购网站提出团购活动申请。下面主要介绍商家提供团购的流程，具体如图2-3所示。

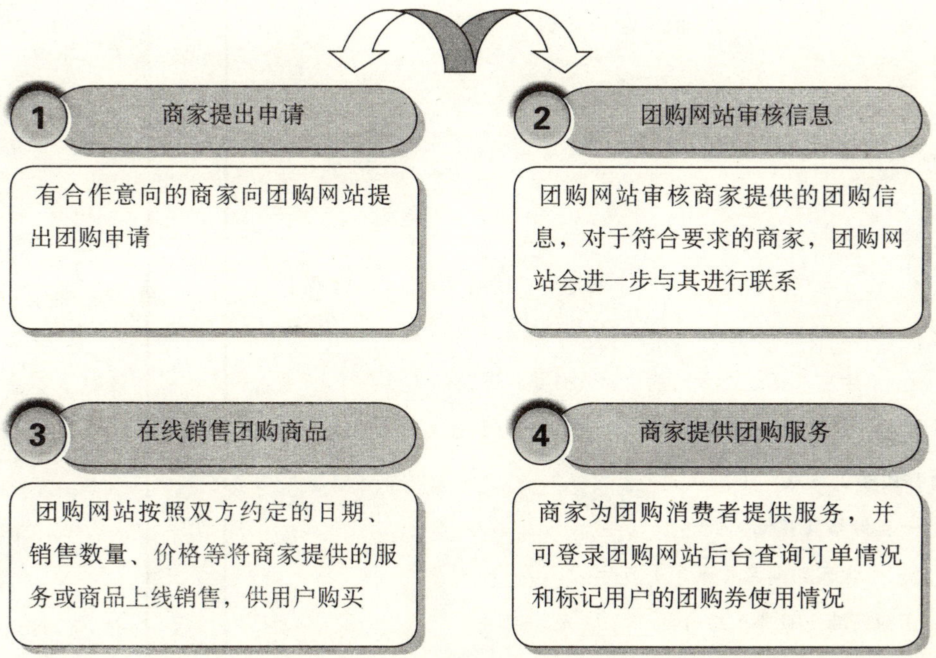

图2-3　商家提供团购的流程

（三）签订团购合同

婚纱影楼店在与团购网站合作时一定要签订合同，以保护双方合法权益。在此提供一份团购合作协议范本，仅供读者参考。店长可以根据自身实际情况调整后使用。

【范例 06】

团购合作协议

甲方：____________________

乙方：____________________

鉴于：

1. 乙方在团购网站_______上长期发布团购信息、组织会员团购活动。

2. 甲方有意通过乙方团购网站宣传推广其商品（服务）。

现经甲、乙双方协商一致，就合作开展团购促销活动事宜（以下简称团购）达成以下协议。

一、价格及其他

1. 本次团购商品（服务）名称：_______。

团购商品（服务）原价：_______元。

团购折扣价（甲方收款价格）：_______元。

2. 网站公布价格（提供给网站会员的价格）：_______元。

乙方有权自行确定团购商品（服务）在甲方网上提供给客户的价格，并保证该价格在团购商品（服务）原价与团购折扣价之间。

3. 本次团购发布日期：_______年_______月_______日。

本次团购有效期：自_______年_______月_______日至_______年_______月_______日。

4.“72小时无条件退款”服务。为保障参团客户的权益，若出现本协议附件一（略）规定的情形，乙方承诺提供“72小时可无条件退款”服务。

5.“先行赔付”服务。为保障参团客户的权益，若出现本协议附件一（略）规定的情形且经参团客户申请，乙方承诺提供“先行赔付”服务。对于执行“先行赔付”的客户，甲方同意乙方有权从应向其支付的未结算金额中直接扣除赔付款。

6. 商家召回制度。若发生附件一（略）所规定的“商家召回”情形，且乙方采取商家召回程序并向客户先行赔付，乙方有权直接从未结算金额中扣除赔付款。未结算金额仍不足以弥补赔付款的，乙方有权向甲方追偿。由此给乙方造成损失的，甲方应承担相应的赔偿责任。

二、团购合作的执行与流程

1. 非实物发货类商品（服务）。乙方按照约定的时间发布团购信息，达到团购数量下限后向已购买的客户提供团购券。客户可直接下载打印团购券或通过手机短信的形式得到团购券的券号及密码，此团购券或手机短信可作为客户到甲方营业场所消费的凭证。为了保护双方的利益，甲方必须验证每个券号的真实性和有效性。

2. 实物发货类商品。乙方需按照约定的时间发布团购信息，并于团购结束后一日内将客户信息（收货人姓名、收货地址、联系电话、购买数量等）提供给甲方，甲方不得因任何原因延误发货。发货后，甲方需向乙方提供发货证明作为结算凭证。

3. 团购结束后，甲方按照乙方通知的时间开始兑换订单或发货，且不得无故拖延或提前。

4. 乙方需向甲方支付按照以下公式计算的结算金额。

结算金额＝甲方提供的团购折扣价格×实际消费数量（以甲方发货证明或甲方提供的客户实际消费信息名单为准）。

说明：实际消费数量＝团购总人数－执行“72小时无条件退款”人数。

5. 团购活动结束后5日内，乙方向甲方支付结算金额的50%；本次团购承诺的消费时间结束后5个工作日内，乙方向甲方支付剩余未结算的金额（扣除执行“先行赔付”的款项）。

三、权利与义务

1. 甲方应于本协议签字生效当日向乙方提供营业执照复印件（加盖公章）。

（备注：甲方应根据所处行业类型提供相应的证件。）

2. 甲方协助乙方策划本次团购的宣传内容，并按照页面格式提供相关文字资料及图片；乙方有权根据网页情况处理图片，无需经甲方确认。

3. 由于技术原因，购买数量有可能少量超过双方规定的团购数量上限，出现此种情况时，甲方同意按照实际购买数量提供商品（服务）。

4. 甲方承诺其按团购价格提供的商品均为该品牌的正品，完全符合商品展示及说明书的标准。甲方承诺客户购买团购商品（服务）后均可享受与平时零售商品（服务）同样的质量保证和售后服务。

5. 甲方承诺不会强迫参团客户进行本次团购项目外的消费。

6. 甲方若在本协议确定的团购有效期内下调该商品（服务）的价格，则以下调后的价格为基准再付给甲方约定的折扣；如上调该商品（服务）的价格，则仍按照本协议签订时约定的价格执行。

7. 为保证活动的执行效果，甲方承诺自团购信息发布之日起日内不会与其他同类团购网站进行合作。在本次团购有效期内，若甲方与其他团购网站就与本次团购相同或相似的商品（服务）进行团购合作的，其给予其他团购网站的价格不得低于本次团购折扣价。

8. 甲方承诺依照协议内容提供团购商品（服务），若在协议有效期内发生停业、转让等导致不能继续提供商品（服务）的情况，应及时通知乙方协助处理，由此产生的费用及给乙方造成的损失均由甲方承担。

9. 甲方保证本次团购价格低于同期提供给其他普通客户的价格（含促销价）。如乙方发现甲方提供给其他普通客户的价格（以下称为价格一）低于本次团购价，差价（差价＝本次团购价－价格一）部分甲方应双倍返还给各参加团购的客户。

四、违约责任

1. 任何一方违反本协议规定的，对方有权通知违约方在1日内改正；如逾期没有改正的，对方有权以书面通知形式立即解除本协议。由此给对方造成损失的，违约方应承担相应的赔偿责任。

2. 在乙方发布团购信息后，甲方因故意或过失不能提供相关商品或服务的或提供的商品有质量问题的，甲方应按照参团客户的要求给予退货或换货，且赔偿由此给参团客户或乙方造成的损失；若乙方先行向客户赔付的，乙方有权就此赔付或因此产生的损失向甲方追偿。

五、不可抗力

1. 在本协议有效期内，因自然灾害、战争及国家法律法规和政策变化等人力不可抗拒的因素造成本协议内容部分或全部不能履行时，双方互不承担违约责任。

2. 遇有上述情况的一方，应在48小时内将相关事件、可能引发的后果等情况以书面形式通知另一方，并且在事件发生后的10日内向另一方提交有关权威部门的证明。

3. 在发生不可抗力时，双方均应在条件允许的情况下采取一切必要的补救措施，以减少由此可能带来的经济损失，同时双方应就本协议终止或延期履行等有关问题进行协商，并努力达成一致意见。

六、其他约定

1. 对于在本协议签订及执行过程中获知的交易对方的有关文件、信息（包括但不限于商业秘密、资料、图纸、数据、财务信息以及与业务有关的其他信息等），双方均负有保密义务，未经对方同意不得向任何第三方透露上述文件、信息，但法律、法规另有规定的除外。本保密条款具有独立性，不受本协议的终止或解除的影响。

2. 本协议如有未尽事宜，由甲乙双方可另行签订补充协议。补充协议及附件均为本协议不可分割的一部分，与本协议具有同等法律效力。

3. 在本协议履行过程中发生争议的，双方应协商解决；协商不成的，双方均可向有管辖权的人民法院提起诉讼。

4. 本协议经双方盖章签字后生效；本协议一式两份，甲乙双方各执一份，具有同等法律效力。

甲方：____________　　乙方：____________

（盖章）　　（盖章）

授权代表（签字）：______　　授权代表（签字）：______

签订日期：________　　签订日期：________

十、查看是否签订相机、器材保管责任书

婚纱影楼店的相机以及相关拍摄器材是一项重要的物资设备，店长需要查看摄影师或其他人员在领取时是否签订了责任书，以保证权责明确。在此，提供一份婚纱影楼店相机、器材保管责任书，仅供读者参考。

【范例 07】

相机、器材保管责任书

一、相机使用规范

1. 相机属于贵重财产，摄影师使用时由本人到库房办理领取、登记手续。

2. 未经授权，任何人（包括摄影助理和其他部门人员）不得轻易使用相机、器材。

3. 摄影助理工作3个月以上经公司授权才可以使用相机，特殊情况下需申请。

4. 使用相机、器材必须熟悉其功能，如未按规定要求出现损坏、跌碰、遗失，由当事人赔偿并承担一切责任。

二、相机、器材使用流程

1. 拍照当天由摄影师领取相机，进行拍摄。

2. 相机、电池、存储卡、电脑指定专人使用，未经授权不允许随便给他人使用和保管，因此引起的损坏和一切责任由当事人承担。

3. 拍摄期间相机要妥善保管，轻拿轻放，爱护视如己物，违规操作责任自负。

4. 拍摄完成，相机、灯光道具必须进行检测、清洁、维护、保养，影棚整理、清洁到位。

5. 拍摄完成，摄影师进行清洁、检测后由本人交还库房管理。

6. 相机、器材未经许可，不得擅自拿出公司，否则视为有其他动机。

7. 正常使用相机、器材出现故障、损坏的，在第一时间报备管理处，由管理处核查确认属正常使用故障，不追究责任；如故意隐瞒不报一切责任由当事人承担。

8. 摄影助理及未经许可使用相机、器材的，因使用不当损坏的，由当事人全额赔偿。

9. 因未遵守使用、维护、保养规则而造成相机及器材人为损坏的、丢失的，由当事人全额赔偿。

相机：__________　编号：__________　购买日期：__________

镜头：__________　编号：__________

镜头：__________　编号：__________

电池：__________　附件：__________

影室灯：__________________

外拍灯：__________________

使用及保管人：______________

身份证号码：______________　电话：______________

紧急联系人：______________　电话：______________

仓库保管及核查人：______________　电话：______________

使用及保管人签字（盖手印）：

十一、了解员工上周工作情况

店长不可能随时随地都在门店，也不可能有时间去查看所有人员的工作情况。那么，该如何了解员工的工作情况呢？有一个简单的方法，那就是查看其工作执行表。当然，仅仅根据一张表单来对其工作进行评判是有失偏颇的，店长可以适时抽时间进行抽查。在此，提供几份婚纱影楼店相关岗位人员的工作执行表，仅供读者参考。

【范例 08】

××婚纱影楼营业部经理执行表

姓名：　　　　　　　　　　　　　　　　　　月　　日至　　月　　日

时　间	事　项	周一	周二	周三	周四	周五	周六	周日
7:40	上班							
7:50～8:00	开早会、查看员工仪容仪表							
8:00～8:10	查看考勤							
8:15～8:30	查看各部门卫生情况							
8:30～8:50	将每天各部门指标情况告知店长							
9:00～9:20	查看各部门物品摆放							
机动	查看各部门流程单的填写							
14:00～14:20	查看各部门主管处罚情况							
15:30～16:00	检查门市追单情况							
机动	查看各部门流程情况							
18:00（每周一）	召开主管会							
18:30（每周日）	参加经理会							
16:30～16:50	查看摄控（次日）							
19:00（每月最后一天）	召开月总结会							
19:00（每月一号）	召开庆功会							
机动	处理客户抱怨							
机动	填写员工考核表							
机动	与主管及员工沟通							
每月二号	刷新光荣榜							

（续表）

注：

（1）此表由各部门主管及指定高层填写

（2）每天完成的事项请打"√"，未做到的请打"×"

（3）没有轮到做的事项，空格即可

（4）店长助理对此表要每天抽查

（5）此表格每项如一项不填写，交公益基金5元

【范例 09】

××婚纱影楼门市部主管执行表

姓名：　　　　　　　　　　　　月　日至　月　日

时　间	事　项	周一	周二	周三	周四	周五	周六	周日
8:00（周六、日7:45）	上班							
7:55～8:00	检查员工仪容仪表							
8:00～8:10	参加早会							
8:10～8:15	检查卫生							
8:40～8:50（每周一）	填写周量化表							
8:50～9:10（每周一）	填写周计划表							
9:00～10:30（每天）	安排人员市调							
14:00～14:10	检查卫生							
15:50～16:00	检查门市追单情况							
16:00～16:10	检查卫生							
16:10～16:30	检查摄控填写＋取件室＋完件单							
18:00（每周一）	参加主管会							
16:10～16:30（每天一次）	开部门总结会							
机动	店内样片及相册摆放							
每月一号	填写月量化表							
每月一号	填写月计划表							
机动	查看门市流程单填写							
机动	检查理件交接情况							
机动	压单							

注：

（1）此表由各部门主管及指定高层填写

（2）每天完成的事项请打"√"，未做到的请打"×"

（3）没有轮到做的事项，空格即可

（4）店长助理对此表要每天抽查

（5）此表格每项如一项不填写，交公益基金5元

【范例10】

××婚纱影楼礼服部主管执行表

姓名：　　　　　　　　　　　　　　　月　　日至　　月　　日

时　间	事　项	周一	周二	周三	周四	周五	周六	周日
8:00（周六、日7:45）	上班							
7:55～8:00	检查员工仪容仪表							
8:00～8:10	参加早会							
8:10～8:20	检查卫生							
8:20～8:35	察看礼服数量及摆设							
14:00～14:10	检查卫生							
14:00～14:30(每周一)	填写周量化表							
14:30～14:50	检查头纱、披肩、礼服（拍摄时要看）							
16:00～16:10	检查卫生							

（续表）

时　间	事　项	周一	周二	周三	周四	周五	周六	周日
16:10～16:15	查看礼服夹							
16:15～16:20	查看明天摄控表							
16:20～16:30	汇总当天业绩							
机动	监督化妆师化妆时间							
机动	部门会议							
每月一号	填写月量化表							
每月一号	填写月计划表							
18:00（每周一）	参加主管会							

注：

（1）此表由各部门主管及指定高层填写

（2）每天完成的事项请打“√”，未做到的请打“×”

（3）没有轮到做的事项，空格即可

（4）店长助理对此表要每天抽查

（5）此表格每项如一项不填写，交公益基金5元

【范例 11】

××婚纱影楼化妆部主管执行表

姓名：　　　　　　　　　　　　月　　日至　　月　　日

时　间	事　项	周一	周二	周三	周四	周五	周六	周日
8：00（周六、日7：45）	上班							
7：55～8：00	检查员工仪容仪表							
8：00～8：10	参加早会							
8：10～8：20	检查卫生							
机动	查看化妆用品数量及摆放							
机动	给部门领料							
机动	检查卫生							
14：00～14：30（每周一）	填写周量化表							
机动	检查头纱、披肩、礼服							
15：00～15：30（每周一）	填写周计划表							
机动	检查卫生							
机动	查看礼服本							
机动	查看明天摄控							
17：00～18：00（每周四）	召开技术会议							
16：20～16：30	汇总当天业绩							
机动	监督化妆师化妆时间							
机动	安排化妆师配合门市选片							
机动	化妆师技术的提升							
机动	部门会议							
每月一号	填写月量化表							
每月一号	填写月计划表							
18：00（每周一）	参加主管会							

注：

（1）此表由各部门主管及指定高层填写

（2）每天完成的事项请打“√”，未做到的请打“×”

（3）没有轮到做的事项，空格即可

（4）店长助理对此表要每天抽查

（5）此表格每项如一项不填写，交公益基金5元

【范例12】

××婚纱影楼摄影部主管执行表

姓名：　　　　　　　　　　　　月　　日至　　月　　日

时　间	事　项	周一	周二	周三	周四	周五	周六	周日
9:00	上班							
8:00～8:10	参加早会（值班）							
8:55～9:00	摄影棚准备到位、检查员工仪容仪表、检查卫生							
9:00～9:20	查看员工和导片交接情况							
9:20～9:30（每周两次）	到数码部了解片子情况（色彩、风格等）							
9:20～9:30（每周一）	填写周量化表							
9:30～9:40（每周一）	填写周计划表							
16:50～17:00	查看设备情况及安全情况							
17:00～17:00	查看摄控表							
17:00～18:00（每周四）	召开技术会议并公布选片情况							
机动	统计当天卖片率（短信告知店长）							
机动	查看拍摄效果							
机动	吃午餐							
机动	出外景							
机动	拍照							
机动	组织员工技术培训考核							
机动	风格创新							
机动	配合门市选片							
每月一号	填写月量化表							
18:00（每周一）	参加主管会							
每月一号	填写月计划表							

注：

（1）此表由各部门主管及指定高层填写

（2）每天完成的事项请打“√”，未做到的请打“×”

（3）没有轮到做的事项，空格即可

（4）店长助理对此表要每天抽查

（5）此表格每项如一项不填写，交公益基金5元

【范例 13】

××婚纱影楼后期部主管执行表

姓名：　　　　　　　　　　　　月　日至　月　日

时间	事项	周一	周二	周三	周四	周五	周六	周日
8:30	上班							
8:00～8:10	参加早会（值班）							
8:25～8:30	检查仪容仪表							
8:30～8:40	检查卫生							
8:40～9:00	汇总昨日返件数量 检查与制作部片子交接情况							
9:00～9:20	查看设计师发件情况							
9:20～9:30	查看压件情况							
10:00～10:20（每周一）	填写周量化表							
10:20～10:40（每周一）	填写周计划表							
10:40～11:00	查看回件情况							
机动	吃午餐							

（续表）

时间	事项	周一	周二	周三	周四	周五	周六	周日
13:00～14:00	检查调色效果							
机动	查看设计效果及修片							
16:30～16:40	检查卫生							
16:50～17:00	开部门总结会（每周一次）							
17:00～17:05	安排员工明天工作							
17:05～17:10	汇总设计师工作量							
16:30～17:00（每周三）	与门市沟通							
机动	催件							
每月一号	填写月量化表							
每月一号	填写月计划表							
每周一18:00	参加主管会							

注：

（1）此表由各部门主管及指定高层填写

（2）每天完成的事项请打“√”，未做到的请打“×”

（3）没有轮到做的事项，空格即可

（4）店长助理对此表要每天抽查

（5）此表格每项如一项不填写，交公益基金5元

【范例14】

××婚纱影楼选片部主管执行表

姓名：　　　　　　　　　　　　　　　月　　日至　　月　　日

时间	事项	周一	周二	周三	周四	周五	周六	周日
8:10	上班							
8:00～8:10	参加早会（值班）							
8:10～8:15	检查员工仪容仪表							
8:10～8:15	检查卫生							
机动	电话确认当天选片客户是否准时到达							
8:40～8:50（每周一）	填写周量化表							
8:50～9:00（每周一）	填写周计划表							
9:30～9:50	查看选样与数码部交接情况							
14:00～14:10	检查卫生							
16:30～16:40	检查看样填写							
16:40～17:00	电话通知明日选样客户准时到达							
18:00（每周一）	参加主管会							
16:30～17:00	开部门总结会							
16:30～17:00（每周三）	与数码部培训沟通							
每月一号	填写月量化表							
每月一号	填写月计划表							
机动	查看选片门市流程单填写							
机动	检查长时间未选流程单量							
机动	组织员工技术培训考核							

（续表）

注：

（1）此表由各部门主管及指定高层填写

（2）每天完成的事项请打“√”，未做到的请打“×”

（3）没有轮到做的事项，空格即可

（4）店长助理对此表要每天抽查

（5）此表格每项如一项不填写，交公益基金5元

【范例15】

××婚纱影楼客服主管执行表

姓名：　　　　　　　　　　　　　　月　　日至　　月　　日

时　间	事　项	周一	周二	周三	周四	周五	周六	周日
8:50	上班							
9:00～9:10	至大厅播放广播碟							
9:30～9:50	给前日拍照、取件，当日结婚、结婚纪念日的客户发送跟踪及祝福短信							
10:00～11:00	把前日的客户资料供输电脑，前日的客户度满意调配表结果输入电脑							
11:30～12:00	检查调度安排客户用餐							
13:30～14:20	按照套系金额给客户分类							
机动	电话回访昨日取件客户							
机动	处理客户抱怨（返工件的送件上门）							
机动	监督员工服务工作							
机动	统计服务调查表							
机动	完善客户资料							
机动	客户满意调查情况							
机动	监督员工服务工作							
16:00～16:20	给次日拍照选样客户发送提醒短信							
16:30	把次日拍照的客户名单打印出贴在展板上							
16:40	进行当日的进客量统计							
每周一次	汇总调查表情况							
18:00（每周一）	参加主管会							

（续表）

注：

（1）此表由各部门主管及指定高层填写

（2）每天完成的事项请打“√”，未做到的请打“×”

（3）没有轮到做的事项，空格即可

（4）店长助理对此表要每天抽查

（5）此表格每项如一项不填写，交公益基金5元

一日工作安排与落实
一周工作安排与落实
月度工作安排与落实
季度工作安排与落实
年度工作安排与落实

管理心得

管理心得，其实是婚纱影楼店店长对自己个人工作的总结。可以是对某一个事件的看法，也可以是某一项工作的实施计划；可以是成功的经验，也可以是失败的教训。

我的周管理心得

已办事项	
未办事项	
待办事项	
通过这一周的工作，我最大的收获是：	

第三章

如何安排与落实一月工作

婚纱影楼店店长工作的事情多且杂，需要协调婚纱影楼店店员正常工作，如果工作没有做好，将会影响整个婚纱影楼店的正常运转。每个月的工作有常规的，也有突发的，店长要让自己做到忙而不乱、井井有条，就必须做好工作安排。

一、制订月度的工作计划

（一）月度工作重点指引

一年有12个月，每个月店长都有大量工作要做，如审查各类报表、店面巡视、培训员工、参加各种会议等。为了使工作变得有条有理，店长可以制订“月度重点工作表”，将每个月重点要做的事情列在表上予以特别关注、优先处理，从而避免完全陷进日常琐事中。表3-1是××婚纱影楼店店长的月度工作重点指引。

特别提示：

当然，你可以根据自己实际情况来编制一份自己的月度工作重点指引表。在编写中要仔细思考，所安排的这些工作是否符合实际情况，若不符合，要及时修改。

表3-1　月度工作重点指引表

月份	重点工作	备注
1月	（1）组织完善婚纱影楼店各项管理制度 （2）督促做好元旦营销工作 （3）做好婚纱影楼店年度预算工作	
2月	（1）召开店员安全教育会议 （2）组织负责新员工招聘工作 （3）对新员工进行入职培训指导	
3月	（1）接待相关部门卫生检查 （2）组织安排婚纱影楼店物品季度盘点 （3）总结婚纱影楼店第一季度工作并制订下一季度工作计划	
4月	（1）开展婚纱影楼店安全大检查工作 （2）检查并完善婚纱影楼店服务项目	
5月	（1）组织老员工培训工作 （2）督促做好五一促销活动	
6月	（1）组织安排婚纱影楼店商品季度盘点 （2）总结婚纱影楼店第二季度工作并制订下一季度工作计划	
7月	（1）建立婚纱影楼店突发事件应急处理预案 （2）检查并整理客户资料	
8月	（1）组织婚纱影楼店优秀员工旅游 （2）举行婚纱影楼店周年庆祝活动	
9月	（1）安排员工生日庆祝会 （2）做好9月9日老人婚照纱照的活动宣传促销推广 （3）组织安排婚纱影楼店物品季度盘点 （4）总结婚纱影楼店第三季度工作并制订下一季度工作计划	

（续表）

月份	重点工作	备注
10月	（1）实施婚纱影楼店设施设备管理新规定 （2）开展门店节能环保工作 （3）做好国庆促销推广活动	
11月	（1）审查各部门本年度工作业绩 （2）年度客户投诉处理情况分析	
12月	（1）指导婚纱影楼店店员做好年终总结及下年度工作安排 （2）组织安排婚纱影楼店商品年度盘点 （3）对婚纱影楼店员工进行绩效考核	

（二）月度工作计划

店长确定了每个月的工作重点之后，就要具体制订每个月的具体工作计划。以下是××婚纱影楼店店长的月度工作计划，如表3-2所示。

特别提示：

可以看出，该店长该月工作重点是婚纱影楼店安全大检查。现在，你也可以根据自己的月度工作重点来制订一份月度工作计划表。

二、编制月度工作计划

店长要做好每月的工作，需要编制一份月度工作计划。一般一个完整的月度工作计划应该包括以下几点：

（1）上月工作总结，成绩可以放在前面谈，重点是实事求是分析工作中存在的问题。

随手札记

表3-2　月度工作计划

序号	工作内容	阶段目标	目标达成时间				责任人
			第一周	第二周	第三周	第四周	
1	检查婚纱影楼店设备	修理或更换已损坏的设备	○				
2	抽查客用品质量	确保客用品在保质期内		○			
3	收集客户意见表	根据客户意见改进婚纱影楼店工作中不完善的地方			○		
4	参加新员工入职培训	向新员工仔细介绍婚纱影楼店概况		○			
5	开展婚纱影楼店安全大检查	检查出已损坏的安全设施，及时检修或更换		○	○	○	
6	准备本月工作总结和制订下月工作计划	了解本月婚纱影楼店经营情况，对不完善的地方注意改进				○	
	……						

(2）本月的工作计划。

(3）存在问题的解决办法及改进计划。

(4）员工培训计划和员工活动计划。

(5）月度销售指标分化和落实方案。

(6）具体营销或促销方案及保障实施计划。

(7）需要支持情况。

三、如何制订每月排班表

（一）制订排班表的要求

婚纱影楼店店长必须做好每月的排班工作。店长在制订排班表过程中，需要确定婚纱影楼店每天的值班人员。店长不在婚纱影楼店的时候，值班人员就是婚纱影楼店最高负责人，因此店长应高度重视对值班人员的安排工作，一定要选择最合适的人选。

（二）制订排班表

店长可将排班内容填入表中，如表3-3所示。

四、员工招聘计划

为了达到设定经营目标，店长必须做好人力资源计划，包括招聘、选拔、培训、考核等一系列人事计划，做到事与人的适宜，即“合适的人在合适的位置”，充分发挥人的作用，不断提高全体人员的综合素质。招聘人员必须要有相关从业经验，同时店长通过谈心和聊天可以从有经验的员工那获取相应的管理、安排和促销经验。

五、建立前台服务营运标准

前台服务是公司为客户直接提供服务的环节，客户直接参与整个过程，前台服务的好坏直接关系到客户对公司的感受，是否能达成甚至超越客户期望值全靠前台服务人员为客户提供无微不至的服务。对客户提供接单、摄影、看样、看效果图、

表3-3　排班表

序号	姓名	日期／职位	1	2	3	4	5	6	7	8	9	10	…	31

随手札记

取件五大基本阶段标准服务是前台服务人员必须理解并贯彻执行的基本事项。

作为婚纱影楼店店长，需要通过建立标准的服务营运流程，以此来形成统一的企业形象，也便于员工按照规程操作。在此，提供一份婚纱影楼店前台服务营运标准，仅供读者参考。

【范例01】

××婚纱影楼店引客服务标准规范

一、寻找客户

（1）精神面貌：活泼开朗、热情大方、笑容可掬

（2）心态：积极主动，乐观自信，不害怕拒绝，不抱怨，不卑不亢，勇敢坚强。告诉自己“我是最好的，我是最棒的，我是最优秀的！只要我全力以赴，是没有不可能的”。

（3）身着公司工作服（干净整洁）及端正佩戴工号牌。

（4）手持DM单或调查表（3～5份）及笔一支。

（5）站立位置：店堂门外10米范围内，面向店外。站立姿势：一是手脚可以适当地进行放松的同时，不必始终保持高度紧张的状态；二是可在一条腿为重心的同时，将另一条腿向外侧稍稍伸出一些，使双脚呈叉开之状；三是双膝要尽量地伸直，不要出现弯曲；四是肩、臂自由放松，在敞开胸怀的同时，一定要伸直脊背。

（6）轻步左右走动，环顾四周前行的客户，将目光锁定目标群：23～30岁情侣，23～30岁女青年或穿着体面的男青年及逗足观望店面的人群。

二、锁定目标、主动出击

（1）左右环顾，当一方没有目标时，转身目光投向另一方，积极搜寻50米以内目标人群：20～30岁情侣，23～30岁女青年或穿着体面的男青年及逗足观望店面的人群。

（2）当发现目标时，做好引客准备。

（3）当发现目标，提前做出行动，面带亲切的微笑，抬头、挺胸、快步上前迎向客户亲切致以“先生/小姐，不好意思，打扰一下，我是××的！”。注意避免突然袭击，吓住客户；不可站在原处等客户到你处。

三、游说客户

（1）游说客户，做到有礼有节，声音亲切、不备不亢

站位卡住客户前行的方向，为客户留出进店的通道（不能背对店门）；当客户犹豫时，用第一只手半推半就带着客户，并用另一只手为客户做出进店的指引手势，挡住客户离开的线路。在客户未进入店前站位及手位均应如此，步速与客户一致。以幽默的动作或话语，逗笑客户。

话术1：“今天是××节，我们公司正在举办一次大型的摄影作品展示活动，希望能担耽您两分钟的时间到我店里参观了解！”（给客户看DM并简要介绍活动要点）“只要您坐下来参观后，您就可以完全免费获得一份精美礼品！”

话术2：“为了了解客户对××的认知度，我们公司在这一周特举行一次调查活动，耽误您两分钟的时间，我诚邀您能到我们店内坐坐，希望为我们公司提出宝贵的意见及建议，只要到店里坐下来接受我们的咨询，你就可以完全免费获得一份精美礼品！”

（2）若客户不以理会或执意要走，要随客户后退，并让出道来并讲“不好意思打扰啦！”

四、引客进门

（1）走在客户的左或右前方为其指引，配以标准手势为客户指引前行方向，走路速度必须配合客户的脚步，致以“两位，这边请！”“两位请与我来”，引领客户到相应接待区域入座（背向店门）。切不可在其身后以声音指示方向及路线。

（2）安排客户入座后，立刻请对应服务人员上前接待，提供服务（倒茶及接单服务）。

（3）无论订单与否，在客户走时，均赠送一份小礼品给客户，并送客出门。

【范例02】

××婚纱影楼店接单服务标准规范

一、迎宾

所有××员工，恭迎客户时应站在店堂门口两侧（不挡道为原则）。

（一）迎宾站姿

1. 恭候客户的基本站姿

面部略向门外主方向，双眼平视，下颌微微内收，颈部挺直，双肩放松，呼吸自然，腰部直立，双臂自然下垂，处于身体两侧，手部虎口向前，手指稍许弯曲，指尖朝下，两腿立正并拢，双膝与双脚的跟部紧靠于一起，两脚呈“V”字状分开，两者之间相距一个拳头的宽度（又叫外“八”字），注意提起髋部，身体的重量应当平均分布在两条腿上。

2. 当无客户时迎宾的站姿

一是手脚可以适当地进行放松的同时，不必始终保持高度紧张的状态；二是可以在一条腿为重心的同时，将另一条腿向外侧稍稍伸出一些，使双脚呈叉开之

随手札记

状；三是双膝要尽量地伸直，不要出现弯曲；四是肩、臂自由放松，在敞开胸怀的同时，一定要伸直脊背。

（二）迎接客户礼仪及程序

1. 新客入门

（1）迎向客户。新客进门，××员工面带亲切的微笑，抬头、挺胸、快步上前迎向客户亲切致以“欢迎光临××！”注意不可站在原处只喊，等客户到你处。来者皆是客，都应亲切迎接，不以客户身份，外观穿着作为接待依据而差别对待。

（2）征询客户来意。如不清楚客户来的目的，就必须问“请问能为您（们）服务吗？”快速问明客户来意（不超过10秒），如在10秒内不能弄明，先引领客户入座，不可让客户久站。

（3）引领客户。走在客户的左或右前方为其指引，配以标准手势为客户指引前行方向，走路速度必须配合客户的脚步，致以“两位，这边请！”“两位请与我来”，引领客户到相应接待区域入座。切不可在其身后以声音指示方向及路线。（若不在所在楼层，应为客户指引前行方向及路线或请店堂空闲服务人员亲自引领客户）

（4）安排客户入座。到达接待区域，有意轻轻挪动客户入座的椅子（背靠店门），恭请客户入座。“先生请稍坐，小姐请坐在这边……谢谢！”当客户坐下时，向客户致以“两位请稍坐，我立刻为您安排”后方可离开。

（5）安排接待客户。安排客户入座后，立刻请对应服务人员上前接待，提供服务。

2. 熟客进出门

（1）对于因事进出的客户。

①出门。致以点头礼，双眼平视对方，面带微笑，头略侧右边，向对方表示友好致意，“请走好！”“您好”“早上好”“中午好”“晚上好”等。

②进门。致以点头礼，双眼平视对方，面带微笑，头略侧右边，向对方表示亲切问候，“您好”“早上好”“中午好”“晚上好”等。

（2）外拍客户。

①出门。双眼平视对方，面带微笑，致以“祝你们拍摄愉快！”

②进门。迎向客户致以“您好，辛苦了！”

（3）取件客户。

客户出门时，双眼平视对方，面带微笑，衷心向客户亲切致以“谢谢惠顾××，请慢走！”、“谢谢光临，请慢走！”表达感谢之意。

二、接单规范

客户进门，接待人员抬头、挺胸、主动快步迎向客户，给客户留下良好印象，为接单奠定好的基础，当客户入座后××接单门市按以下规范进行：

（一）入座奉茶

客户坐下后，亲自为客户倒茶“请等一下，我帮两位倒茶！”倒茶七分满，手勿触杯口“两位请慢用”，动作敏捷。

（二）握手，先自我介绍再问客户姓名

做到落落大方，以平等的心态与客户

交往。

1. 握手

站立主动伸手向客户握手，虎口交叉之后，全握、握紧，简洁有力。

2. 自我介绍

同时致以“您好，我叫××，你们可以叫我××，××很高兴能为你们服务！”让客户感到亲切。

3. 递交名片

紧接双手恭恭敬敬地递上自己的名片，名片的正面对着客户。致以“这是我的名片，在需要为您的服务可以联系我”。

4. 询称客户

递名片后，方可入座，如为女性门市坐在小姐旁（男门市坐在先生旁），然后询称客户，“请问两位怎么称呼？小姐是××？先生是××？”眼光先面对小姐，有回答后才问先生。（男门市相反）

门市：“小姐是陈××；先生是李××，好！”在纸上按客户座位方向写下名称。要牢记客户名字，要经常性喊客户的名字。

（三）打开心门

1. 聊天摸底

婚期、住址、来的路线、单位等如“××，你在那里上班？”“××，你是住在附近吗？”“准备什么时间举办婚礼？”。

2. 适时赞美

寻找赞美点，找机会赞美客户在一分钟内争取好感。

（1）赞美女性。发型、发质、脸型、肤质、眼睛、眉形、鼻子、嘴唇、脖子、项链、项链坠子、耳垂、衣服、鞋子、腿、腰等。

（2）赞美男性。发型、额头、耳垂、西装、马甲、衬衫、领带、领带夹、气质等。

（四）套系介绍

（1）价目总表介绍，捕捉并提升客户心理价位。

（2）问讯消费价位。直接询问消费类别、价位“不好意思啊！请问两位的预

随手札记

算是多少？”

（3）介绍招牌套。有可能客户指出是低价位，但您仍是要先介绍招牌套（不是最贵的）。“××、××！请让我先介绍一下我们公司的特色套系。当你们了解后，我再和两位商洽，拍结婚照是一生人一次！不可马虎！我会尽我的最大努力，配一套最实惠的套餐。”

（4）先介绍招牌相本，走动参观，讲解产品特色。（相本、化妆、发型、礼服、摄影风格流行咨询）

（5）对照介绍。从客户反应中去对照介绍较高与较低的套系。据客户所好，耐心为客户换取相本，保持微笑，无抱怨表情，做好人，尽量说些客户立场的话。

（6）让客户基本选定套系。采用二选一方式，避免三选一。“这套其实真的不错，刚才××也给两位介绍了，想必两位也都了解了。那么两位定这套还是那套？”

（五）签单

1. 签订企划书

拿企划书逐一填写，并向客户重述套系内容（涉及后序选择性消费项目重点强调），待客户认可后，请客户签字确认。

2. 开票收款

拿预估单引领客户到收银台开具发票交款，“××，请跟我来，麻烦请到前台付款”，陪同客户至交款结束返回座位，将发票联贴于相袋上，取件交客户妥善保管。

3. 收银

（1）收银员见到客户前来付款，面带微笑，并亲切向客户问好“您好！”

（2）紧接着询问客户“请问是支付现金还是刷卡？总共是××××元。”

（3）若客户支付现金。从客户手中接过支付金额，立即进行数量清点之后，“不好意思，请稍等一下！”再放入验钞机内进行验钞，以辨真伪。如发现假钞，仔细辨别后亲切请求客户换取，避免让客户尴尬。如没有问题，再次进行清点钞票数额，确认金额准确后，准备好零钞双手递取客户，大声地将各项金额复诵出来。“谢谢您，应付××××元，收您××××元，找您××××元。”在找零钱给对方时，务必要清点正确，不可多找或少找，如果收到极为肮脏或有皱折的纸钞，尽可能不要再找给客户。

（4）若客户刷卡。从客户手中双手接过银行卡，“不好意思，请稍等一下！”进行刷卡操作。调示后进入刷卡程序，请客户输入密码“请您输入密码，按确认键”；客户输完密码“请稍候”，准确输入付款金额；刷卡系统处理完毕，将刷卡凭证交客户签字“请您确认签字”。付款手续完成后，在发票上一一签字（真名）；将记账联留下，客户联和报销联交客户/门市，“谢谢，请拿好”。

（5）如果是客户一个人前来付款，并说“麻烦您将两联票据交给接待您的门市，请慢走！”

（6）整理资料。发票、礼服券、现场赠送品、爱情卡交付，一一讲明用途及使用细则。

（六）送客

1. 成交者

征询客户大致拍照时间，叮嘱客户拍前重要注意事宜，“拍照前一个星期一定给我联系哟，有什么疑问找打电话找

××。还有，别忘了有朋友拍照时一定介绍给××哟！”朋友般地送别客户“好，慢走，再见！”送客出门七步远。

2. 不成交者

客户不定，热情不减，礼貌请客户填写“门市咨商表”后，边走边说“××，其实我们××规模、名声都是数一的，你有什么不满意就直接跟我说，××再去想办法为两位争取。”“对不起，今天没能让您达成心意，如果有机会能再次为您服务，请一定找××，或者到其他店遇到不清楚的地方，可以随时给××打电话，如果有朋友拍照的话，也可以介绍过来，真心希望能再次为您服务！”送客出门七步远。

（七）跟踪服务

1. 不成交者

客户走后30分钟进行电访追踪接单，尽可能挽回客户。

2. 预订者

妥善（分类）保管订单发票，填制“门市个人预约登记表”。

（八）拍摄安排

1. 约定拍摄时间

每对客户拍照均提前一周预约时间，客户电约拍摄时间时，先查看摄影控制表与客户沟通确定，填写“摄影控制表”。

2. 前日提醒

在客户拍摄前日，根据摄影表找好次日客户订单发票袋，并合理安排致电客户次日到店时间，（如需补款，安排客户提前20分钟到达），并提醒客户带齐所有拍照手续。

3. 办理拍摄手续

客户到店检查并办完所有拍摄手续（票据、款项），备齐票袋及企划书送客户拍照。

4. 送客拍照

引领客户至专业部，运用手势为客户指引方向。“两位，请拿好你们的随带物品，请跟我来”、“这边请”边走边简要介绍拍摄流程及注意事项。到达专业部门口，高呼“欢迎光临”提示调度接待，将客户订单发票袋和企划书交给调度人

随手札记

员。并拜托其好好照顾“这是我的客户，也是我的朋友××，请多多照顾！”“你俩慢慢拍，有什么事需要我帮忙的请打电话！”

5. 探班服务

在客户拍照过程中抽时间进行探班服务。

【范例 03】

××婚纱影楼店摄影阶段服务标准规范

一、摄影调度

（一）恭迎客户

调度在进口处恭候客户来到，见客户前来，立即起身恭迎客户，面带微笑，热情洋溢，上前致以“欢迎光临！”

（二）自我介绍

调度（女士）向先生点头示问好，主动伸手与小姐握手“你好，我是××，叫 ×× 就好了，我将为你们进行全程安排”并请客户出示客联发票（暂存），登记填写“专业部调度表”。

（三）安排入座

配以手势请客户先到预先安排好的位置先行入座“请二位先到这边稍坐”并奉上茶水（七分满，手切忌碰至杯口），动作要轻盈优雅。“请慢用！”

（四）介绍流程

“两位（大家），早上好，在拍摄前我先将拍摄相关事宜经给大家作一介绍，以便大家知晓！”简明扼要向客户介绍拍摄过程，口辞明亮清晰“今天的拍摄时间大概需要×小时，具体流程是选穿礼服、化妆、造型、拍摄，再换穿服装、更改妆面及造型，再拍摄。每一个环节都有工作人员带领陪同，并给您建议”。

（五）提请注意

“在化妆、造型及拍摄的过程中，您有任何意见或建议，请您立即当面提出，便于及时弥补，达到令您满意的效果；若您的皮肤易过敏，请在化妆前告知化妆师；另外，有些消费项目属自愿选择性消费，你尽可根据自己的需要进行选择消费”。

（六）场地介绍

配以肢体语言向客户介绍“各位今天的拍摄在这一层楼进行，这边是形设部，选礼服、化妆、造型在这里进行；这边是摄影部、卫生间在……储物室在……”、“希望两位（大家）有一个愉快的摄影经历。”

（七）发放衣柜钥匙及毛巾

发放衣柜钥匙收取押金××元，将衣柜钥匙发给客户，并带引客户放置随身物品。“现在请跟两位跟我到储物间，按钥匙号码开箱放置，如有贵重物品请另行保管（保险柜保管），拍摄结束时一定记得拿钥匙到我这里来退取押金！”客户放置好携带物品后，将毛巾发给客户（人手一条）并带引客户到洗手间清洁面部。

（八）安排选穿礼服

“请随我来，我们现在要选穿礼服，这是我们专业的礼服师××，等会她会帮您试穿礼服”、“这是××的朋友××，请细心一点”同时安排先生男妆或稍事休息。

二、选穿礼服

（一）恭迎客户

见调度带客户来，热情上前主动恭迎客户，并作自我介绍“欢迎光临！”“您好！叫我××好了，很高兴为您服务，今天由我为您做全套礼服设计，您对礼服有任何要求和喜好，都可以直接告诉我，我会为挑选出最适合您的礼服。”（赞美）

（二）提供专业建议

参阅企划书内容，根据客户的条件和客户的要求与喜好为客户提供建议，选出客户喜欢的礼服。（沟通到位、达成共识）

“我先为小姐试穿礼服，麻烦先生稍坐片刻，我待会儿就为您换服装。”

“××小姐对礼服的款式、色彩和风格有没有特殊要求呢？”

“根据您的脸型和身材，我建议您穿这套礼服，一定能衬托您的美感！不管从领型和腰型上都做了最完美的修饰，非常适合您的气质，真的很漂亮！”

（三）移交化妆师

“OK！××小姐（先生），请跟我到化妆部，开始化妆吧！”（语气自信，毋庸质疑）“这是我们专业的化妆师××”如需等候请客户坐下稍事休息。

三、化妆造型

（一）恭迎客户

见礼服师带客户来，热情上前主动恭迎客户，并作自我介绍“您好！叫我××好了，很高兴为您服务，今天由我为您做整体的化妆造型设计，哇！今天的礼服好漂亮，感觉高雅而不失时尚，真的很配您的气质！”

（二）化前沟通

参阅企划书内容，分析客户的肤质和脸型，与客户充分沟通，达成共识，为其提供建议，做适度推销。“××，请到这边坐，小姐平时爱不爱化妆？有无皮肤过敏现象？你对妆面、色彩和风格有无特别钟爱的？如果在造型的过程中，您有任何特殊要求，请直接告诉我！”“根据您的气质、肤色和礼服，我给你化以自然为

随手札记

主，设计今年最流行的粉嫩彩妆和自然清新的造型。”

（三）化妆造型

在化妆过程中，即要体现专业度，又要尽量征求客户的感受及意见。“OK！××，您真的很上妆，这种自然的造型粉嫩彩妆非常适合，看起来清新亮丽，您看看有没有需要修改的地方，如果没有，我们就准备去拍摄了。”

（四）移交调度

亲自将客户带到前台，将客户交予调度。

四、摄影

（一）摄影安排

（1）提前做好客户拍摄安排，如需客户等待，请客户先行稍事休息“两位请先到这边稍息一下，马上为你拍摄！”不需等待直接带引客户进棚拍摄。

（2）移交摄影师，“这是我们公司的金牌摄影师××，摄影助理××，放松心情，尽量表现自己吧！祝你俩拍摄愉快！”

（二）拍前沟通

1. 恭迎客户

见客户前来，面带笑容，热情主动上前向客户问好“您好！叫我××就行，这是我的助理××，你们的拍摄由我们俩服务！”

2. 拍前沟通（5分钟）

参阅企划书内容和沟通本交流（赞美、融洽关系，了解客户消费水平，摄影喜好、建立信心）。

3. 减压，建立信心

“在拍摄的过程中不需要紧张，就当作是在玩一样，放轻松，拍照并没有想象中辛苦，完全没有压力，想笑就笑，OK？拍摄过程中，在构图、色系、大小比例等方面。如果两位有特殊要求，可以随时提出来的。××一定会拍出两位想要的作品。”

4. 确定摄影风格

“两位都是非常现代的年轻，根据你俩的喜好和你俩的化妆造型特质，我给你拍摄时尚前卫一点的照片”。

（三）拍摄

摄影助理换背景打灯光要快，摆取美姿动作要柔，拍摄时，抓取要准，拍摄过程中以幽默诙谐的语言调动客户情绪，多予赞美，增强信心，营造融洽的气氛，并作好二次消费暗示。

（1）“您脸部38度角是最漂亮的，我会给您多拍。”

（2）“您真会摆美姿，像培训过的模特。”

（3）“您的曲线跟样相上的模特一样漂亮。”

（4）“先生也不错哟，拥抱和亲热的动作都很专业！”

（5）“我给你拍一张用来放大的，放在客厅。”

（四）拍摄完毕分别交予化妆师/礼服师

每套服装拍完后，助理亲自带引小姐到形设部先拆头饰，然后换装“这套服装拍完了，两位辛苦了，小姐先到化妆室拆头纱，先生到礼服区换服装。”

五、摄影结束

（一）卸妆

最后一套服装拍摄完毕，向客户道贺，并带客户卸妆“两位今天拍摄全部完毕，辛苦、辛苦，请跟我的助理到化妆室去卸妆！”

化妆造型师细心为客户拆头饰，“辛苦，辛苦，今天发挥得还不错吧？来这边坐，我为你卸妆！”

卸妆完毕，交礼服师，礼服师请客户到储物间拿取衣服，到更衣间卸装更衣。“两位，辛苦了，请先到储物间拿取衣服，然后到更衣室更衣！”

更衣完毕，如需洗脸，请客户到储物间拿取毛巾到洗手间清洗“两位，如需清洗脸部，请到将毛巾拿到洗手间去清洗，清洗完毕到前台。”

（二）看样安排

参照看控表，尽量征求并满足客户对看样时间的意见，如有时间冲突，以站在客户的角度，说为客户着想的话语(避免等待及有充分的选片时间等)，向客户作出合理的解释，以合理确定看样时间，在客户看样发票上写清看样时点，并强调准时的重要性。

（三）道别

卸妆（卸装）完毕，提醒客户检查随带物品是否带齐，并请客户归还毛巾和钥匙。（如有消费，请客户交取相关费用）“两位，请将你们的物品拿齐，将毛巾和储物室钥匙交给我时，来领取看样发票。”接待员及服务过客户的人员（有空）引领客户出门，送客到电梯口。（出门七步远）

【范例 04】

××婚纱影楼店看样阶段服务标准规范

一、样前准备

（一）检查影像档

看样门市根据“看样控制表上”的客户编号及姓名查找影像档是否传送到位、齐全？如不全或未传找到及时与管制人员联系。

随手札记

（二）样前分析

从前序人员判断的客户类型以及根据客户的电话号码、住所及楼层、年龄、职业、外表判断客户的消费潜力，并从客户的照片构思初步的推销策略。

（三）看样通知

电话联系、确认客户次日看样到达具体时点，并提请客户带好看样发票单，务必准时到达。如需要调整的及时与客户沟通协调。

（四）知会摄影人员

知会摄影人员，让摄影师参与看样。

二、恭迎客户

（一）喜悦招呼

客户到来，面带微笑，喜悦招呼客户，主动伸右手与小姐握手，向先生点头示意问好，昵称新人"××（×姐）！"等，显示亲切。

（二）自手介绍

如先前不认识，需作自我介绍"你好，我是××，叫×× 就好了，××很高兴为你（们）服务，两位这边请坐。"

（三）引领入座

指引出客户的座位"两位，这边请！"请客入座"先生请坐，小姐请坐在这边……谢谢！"

（四）奉上茶水

亲自倒茶"请等一下，我帮两位倒茶！"倒茶七分满，手勿触杯口"两位请慢用！"

三、选样销售

（一）找档

1. 请客户出示看样发票

请客户出示看样单请客户出示并收取看样发票"××，请出示看样发票好吗？我为两位把照片调出来""请稍等"。

2. 查找影像档

根据发票记录的影像档编号，快速找到客户影像。

（二）选样推销

（1）选样（婚纱平均2.5小时/个，艺术2小时/个）

看样门市进行选样记录，引导客户按选片流程进行，对客户选片或特殊要求给予记录。

（1）看第一次片（通看一遍）。夸赞、沟通"××、××看你们照得多漂亮！""小姐，你先生这张真帅（气质）！"营造出欢乐、开心、满意的开场所气氛。

（2）看第二次片。（选出不好的）

（3）看第三次片。（大致确定）

在客户确定的照片里伺机去掉几张不好的照片，运用专业度征服客户，混淆其审美观并取得对方信任。

2. 推销

（1）推销。多说客户立场的话，因人而异地进行，推销技巧+实物展示+设计模板演示（买与不买，加多加少，态度一致）

①推入册。（结合数码相册设计效果，给出入册的理由）

②推放大。（添加或改动尺寸，结合客户室内设计图，给出放大的理由，并进行效果演示）

③推新商品。（发自内心夸赞其优

点、特质）

④推影像档。

（2）单项计价。（数字细化）

（3）逼定。（优惠套餐；主管折扣；删减）

（4）算账确定。（让客户感到十分划算）

（5）看样巩固。打印制作清单，请客户签字确认选片内容，并注明3小时后不能够“退改”字样。

【范例05】

××婚纱影楼店看设计效果图服务标准规范

一、样前准备

（一）检查影像档

看样门市根据看样控制表上的客户编号及姓名查找影像档是否传送到位、齐全？如不全或未传找到及时与管制人员联系。

（二）看效果图前通知

电话联系、确认客户次日看样到达具体时点，并提请客户带好看样发票单，务必准时到达。如需要调整的及时与客户沟通协调。

二、恭迎客户

（一）喜悦招呼

客户到来，面带微笑，喜悦招呼客户，主动伸右手与小姐握手，向先生点头示意问好，昵称新人“××（×姐）”等，显示亲切。

（二）自手介绍

如先前不认识，需作自我介绍“你好，我是××，叫×× 就好了，××很高兴为你（们）服务，两位这边请坐。”

（三）引领入座

指引出客户的座位“两位，这边请！”请客入座“先生请坐，小姐请坐在这边……谢谢！”

（四）奉上茶水

亲自倒茶“请等一下，我帮两位倒茶！”倒茶七分满，手勿触杯口“两位请慢用！”

随手札记

三、确定设计效果图

（一）请客户出示看效果图发票

请客户出示并收取看效果图发票"××，请出示看设计效果图发票好吗？我为两位把效果图调出来。""请稍等！"

（二）查找影像档

根据发票记录的影像档编号，快速找到客户影像。

（三）确定效果图（婚纱平均1小时/个，艺术1小时/个）

看样门市操作软件进行选样记录，引导客户按选片流程进行，门市操作鼠标，对客户选片或特殊要求给予记录。

1. 看第一次看效果图（通看一遍）

"××、××看你们照得多漂亮""看看这组设计感觉多时尚"营造出欢乐、开心、满意的场所气氛。

2. 看第二次看效果图（选出不满意的，并提出修改要求并登记）

根据效果图表，把客户所拥有的产品再一次介绍给客户，运用专业度征服客户，混淆其审美观，并取得对方信任。

【范例06】

××婚纱影楼店取件阶段服务标准规范

一、取件准备

（一）数量检查

取件人员根据"取件控制表"在客户取件前一天，看样合约单仔细核对制作部送来的客件是否到齐、张数是否正确、看样门市有无漏批。

（二）质量检查

对放大像、相册等件进行质检，看有无花点、破损、差错等观察美工方面有无不符合要求之处，只要出现问题应及时采取补救措施。如需返工应及时开单生产，尽量保证在客户取件前完成，如时间上有问题，提前向客户致歉，并重新与客户沟通取件时间或请客户前来取走部分件。

（三）客件整理

对次日取件的客件做好整理工作，除大框外，其他一律装入专用相袋中依次排列整齐，并再次清点物件是否齐备。

（四）通知取件

（1）确认客件到齐后，客户取件前一天由取件人员根据"取件控制表"的客户电话提请客户取件时点、叮嘱客户携带取件单准时前来。

（2）如客件多，告知客户多来一个人。

（3）如客户不能按时前来，与客户沟通另约定时间。

二、取件

（一）恭迎客户

1. 喜悦招呼

客户到来，面带微笑，喜悦招呼客户"您好，我是××，叫×× 好了，××很高兴为您（们）服务，请问是取件吗？"

2. 引领入座

如果确认取件，请引客户入先行坐下"两位，这边请！"

3. 询问是否需要茶水

"请问××喝水吗？""请稍等！"倒茶七分满，手勿触杯口"请慢用！"

4. 查收取件凭证

"××小姐（先生），请问取件单带来了吗？"以查阅客户款项是否付全，如果未付全，请客户先行补款结账。

5. 如客户取件凭证丢失，请出示身份证或有效证件取件，并填写取件备忘，客户签字。

（二）取出相件

根据客户取件单，从客件陈列室快速拿出准备好的相件。注意轻拿轻放并最好在3分钟内取出。

（三）清点相件

（1）根据看样制作清单一一清点，并领导客户检查产品数量、质量，尽量做到检查一件装好一件。

（2）对客户所提疑问作专业性详细答复，耐心细致，动作熟练麻利，态度热忱。

（3）若因质量、数量问题，首先向客户致歉，从客户着想，耐心细致及时地为客户解决问题，不得与客户争执。

（4）如遇重大问题不能解决，应及时知会主管/经理，并在最短的时间内拿出解决方案，将客怨/损失降到最低。

（5）如客户相件不齐，向客户明确补取时间，填写“取件备忘录”，备查追件。

（四）打包

上述步骤完毕，经客户签字确认无误后，将物品安全、稳妥地进行包装、系捆，以便客户提携方便。

三、恭送客户

（1）请客户在看样制作清单上进行取件确认签字。

（2）协助客户将物品提至店门外，如遇客户有大件物品或物品太多时，主动帮助客户请搬运或拦车，送客上车后再与客户道别“两位请慢走，如果有朋友拍照尽量介绍过来！再见！”

六、做好客户满意度调查

店长要想提升门店的业绩，必须从客户满意度着手。只有让客户满意，才能吸引更多的客户。如何知道客户对服务是否满意呢？这就需要进行客户满意度调查了。在此，提供几份客户满意度调查表，仅供读者参考。

随手札记

【范例07】

客户拍摄当天满意调查表

客户姓名：　　电话：　　金额：　　年　　月　　日

工作人员	服务满意度考评（在相应项打"√"）		
门市	□非常满意	□满意	□不满意
结婚秘书	□非常满意	□满意	□不满意
调度	□非常满意	□满意	□不满意
礼服师	□非常满意	□满意	□不满意
礼服	□非常满意	□满意	□不满意
化妆师	□非常满意	□满意	□不满意
化妆造型	□非常满意	□满意	□不满意
摄影师	□非常满意	□满意	□不满意
摄影风格	□非常满意	□满意	□不满意
客服服务	□非常满意	□满意	□不满意
外景服务	□非常满意	□满意	□不满意
您的亲友需要拍结婚照、艺术照、全家福、儿童照，愿意推荐本公司给他们吗?			
满意推荐度	□肯定推荐　□愿意推荐	□可以考虑	□不推荐
为您服务的员工用心程度:	□90%	□70%	□50%

您对本公司的意见和建议：＿＿＿＿＿＿＿＿

客户签字：＿＿＿＿＿＿＿＿

【范例08】

客户满意度调查表

填表人：　　　　核查人：

单号：　　姓名：　　拍摄套系：　　拍摄时间：

序号	姓名	岗位	满意度0～10分
1		门市接待	（1）微笑：＿＿＿＿分 （2）接待：＿＿＿＿分 （3）着装、仪容：＿＿＿＿分 （4）精神面貌：＿＿＿＿分 （5）专业技能：＿＿＿＿分
2		前台接待	（1）微笑：＿＿＿＿分 （2）接待：＿＿＿＿分 （3）着装、仪容：＿＿＿＿分 （4）精神面貌：＿＿＿＿分
3		化妆师	（1）微笑：＿＿＿＿分 （2）接待：＿＿＿＿分 （3）着装、仪容：＿＿＿＿分 （4）精神面貌：＿＿＿＿分 （5）选礼服、配饰：＿＿＿＿分 （6）妆面：＿＿＿＿分 （7）造型：＿＿＿＿分 （8）整体服务：＿＿＿＿分

（续表）

序号	姓名	岗位	满意度0～10分
4		摄影师	（1）微笑：________分 （2）接待：________分 （3）着装、仪容：________分 （4）精神面貌：________分 （5）沟通：________分 （6）拍摄氛围：________分 （7）美姿：________分 （8）整体服务：________分
5		选片师	（1）微笑：________分 （2）接待：________分 （3）着装、仪容：________分 （4）精神面貌：________分 （5）沟通：________分 （6）选片氛围：________分 （7）语言表达：________分 （8）整体服务：________分
6		产品	（1）设计：________分 （2）色彩：________分 （3）相册：________分 （4）工艺：________分 （5）包装：________分 （6）取件：________分 （7）整体服务：________分

（续表）

序号	姓名	岗位	满意度0～10分
7		其他建议	
为了更好地服务于每一位客户，全面提升“公司”的服务和产品品质，请务必真实填写。客户的意见是我们改善工作和服务的动力，客户满意是检验我们工作的唯一标准。请您对我们的各项服务提出宝贵的意见，公司会以此为依据，评定服务、服装、化妆造型、礼服、摄影、设计、成品的合格率和满意度。谢谢！			
客户签名：			

【范例 09】

客户满意度调查表

感谢您对××婚纱摄影的信任与支持，我们将用我们最真诚的服务对待我们每一位朋友，在我们为您服务过程中有不到之处请您给予监督，以便我们做得更好，请在下面根据具体情况填写，谢谢！

问题	有	无	问题	有	无	工作人员名单
门市人员有没有替您开门			化妆助理有没有送您进影棚			
大厅工作人员有没有喊“欢迎光临”			化妆助理有没有向您介绍摄影师			为您服务门市名字：
门市有没有替您送上茶水			摄影师有没有自我介绍			
门市是否自我介绍奉上名片			摄影师有没有与您问好			为您服务的化妆师的名字：
有没有与您问好			摄影师主动与您沟通摄影风格			
门市有没有带您认识并介绍化妆师			拍照过程是否耐心给您做动作示范			为您服务的礼服师的名字：
化妆师有没有自我介绍			拍摄过程中有无门市关心问候您			
化妆师有没有与您问好			门市有没有给您确定看样时间			为您服务的摄影师的名字：
有没有介绍礼服师			摄影师有没有与您沟通外景拍摄风格			
礼服师有没有自我介绍			有没有带领您到洗漱场所洗脸卸妆			我们明日的进步需要您的监督和宝贵意见：
礼服师有没有帮您试穿衣服			拍摄结束礼服师有没有帮您更换服装			
挑选服装过程是否愉快						
化妆师是否主动与您沟通						
化妆师有没有详细讲解精华液的用途						特别表扬的人：
使用精华液是否得到您的认可						
化妆过程是否愉快						客户签名：

1. 我们拍摄的作品是否满意？　□非常满意　□满意　□一般　□不满意
2. 您对我们化妆的造型和妆面是否满意？　□非常满意　□满意　□一般　□不满意
3. 您对我们后期设计的作品是否满意？　□非常满意　□满意　□一般　□不满意
4. 您对我们门市的服务是否满意？　□非常满意　□满意　□一般　□不满意

七、如何做好异业结盟

异业结盟就是与不同的行业进行合作，以互惠互利的方式进行合作的一种方式。可以挑出城市内10～20家商业或服务业企业，最好是与结婚消费有关的企业，进行彼此合作，利用他人的客户群来增加门店的客户群。

（1）每月都可以与当地几家商场（可轮换安排），进行全月联合促销活动，如可以是购物200元送200元摄影礼券活动，也可以是其他形式的活动，可结合当地市场的实际情况，因地制宜地选择最适合的方式。活动期间一定要在商场内悬挂吊旗，海报等宣传品。

（2）联络一些大型企业，设计一套特别的优惠，制作一套专属的优惠方案或礼券，透过工会或其他组织，让其员工可以福利形式获取该项优惠。

（3）保险公司、银行的客户资源庞大，且多为优质资源，与之合作，将其客户资源转化为门店的客户群将是一个不错的结果。当然也可与中国移动、中国联通合作，进行短信的互动抽奖，即是促销活动，也是品牌宣传。

（4）民政部门。有相当一部分新人在领结婚证时，尚未拍摄婚纱照，因此可以抓住这个机会，发给他们名片或新人手册，甚至可以给其一些样本和订单，凡有持手册或名片到公司拍照的客户时，门店可以给他们提供奖金或提成。

（5）与愿意可以进行合作的任何企业进行合作，共享客户资源。

（一）签订“合作协议”

当然，婚纱影楼店实行异业结盟，双方需要签订合作协议，以维护双方的合作协议。在此，提供两份婚纱影楼店的联盟合作合约书，仅供读者参考。

（二）确定具体合作方案

在与合作单位确定合作意向之后，

随手札记

【范例10】

××婚纱影楼店联盟合作合约书

甲方：××婚纱影楼公司

乙方：________

××婚纱影楼公司（以下简称“甲方”）与×××公司（以下简称“乙方”）本着平等自愿、互惠互利的原则，经协商一致结成友好联盟公司，并达成以下协议：

1. 对于甲方免费提供之各式产品或礼品或礼金券等，乙方不得无偿赠与相关消费者。

2. 甲方在各地做展示宣传时，如乙方有宣传需要，可优先考虑与其合作。（价格、方式另行确定）

3. 在乙方店内消费者满××元者，均可获得由甲方提供的礼金券一张，内容由甲方自定，礼金券必须由乙方盖章以便核对。（礼金券号码从NO.______号至NO.______号）

4. 如乙方需搞活动，可获得由甲方提供的礼品券（价值、内容另行商定）赞助。作为给消费者的奖品。

5. 乙方每月评出的优秀员工可获得甲方提供的免费照一张。（内容另行商定，限______人）

6. 甲方店堂内的广播在音乐播放间隙可播放乙方的广告语言。（时间、内容另行商定）

7. 乙方员工凭员工证在甲方消费，在现行价的基础上可得到×折优惠。

（续表）

8. 甲方在广告宣传时，须提及乙方做辅助宣传。（内容另行商定）

9. 乙方在甲方处拍产品照或宣传照，可享受×折优惠，但是必须在照片上打上××摄影拍摄字样。

10. 甲方在店堂内醒目位置有与乙方结盟的宣传海报或乙方的宣传海报。

11. 乙方在做展示宣传时，如甲方有展示需要须优先考虑与甲方合作。（价格、内容另行商定）

12. 乙方在广告宣传时需提及甲方，为甲方作辅助宣传。（内容另行商定）

13. 凡在甲方消费满××元以上，均可获得由乙方提供的贵宾卡或优惠券。（内容由乙方自定）

14. 乙方在店内及店外的海报、宣传单、POP等宣传上须有与甲方同盟宣传资料及甲方的标志。

15. 乙方在做活动时，需提及甲方友情赞助话语、字样并有甲方的标志。

16. 乙方在店内的广播宣传上需为甲方做简要介绍并有甲方广告语。（内容、长短另行商定）

17. 甲方员工凭“员工证”在乙方消费，可享受现价基础上×折优惠。

（续表）

18. 乙方有义务推荐店内与甲方相关行业的厂商与甲方合作。

19. 乙方必须在醒目位置张贴优秀员工光荣榜，在光荣榜上注明甲方友情拍摄并由甲方标志（大小不低于64开纸）一起到相互宣传的效果。

20. 乙方需优先将店堂内优越展示位置以优惠价格租给甲方。（价格、面积、时间、位置另行商议）

21. 乙方须在店堂内醒目位置张贴甲方宣传海报。

22. 甲、乙双方均须保证在对方同种行业公司内只可与对方一家合作。

23. 签订合约日起。乙方既不得再与甲方相关同行业公司合作，本协议一式两份，甲、乙双方各执一份，协议有效期为×年，签字生效。

甲方：（盖章）__________　　乙方：（盖章）__________

代表人：______________　　代表人：______________

____年____月____日　　　　____年____月____日

随手札记

【范例11】

××婚纱影楼店联盟合作合约书

甲方：________超市公司(以下简称甲方)

乙方：________婚纱影楼(以下简称乙方)

甲、乙双方为共同拓展市场，资源共享，联合开展名为“×××××”免费摄影活动，双方本着平等互利的原则，经协商一致达成如下协议：

一、合作时间

自____年____月____日至____年____日止。

二、合作期甲乙双方的责任：

1. 甲乙双方应保证一切活动按照“××婚纱影楼店联盟合作合约书”业务各项内容执行。

2. 乙方为甲方公司会员提供免费摄影服务，内容包括：

（1）免费提供化妆及造型一次，免费提供拍照用男女礼服各一套。

（2）全家福，儿童照，艺术照，结婚纪念照，任选一种，每张礼券仅限拍摄一种。

（3）拍摄15张左右，供客户选择并赠送5张(7寸)，赠送不包括底片，其他多拍照片不赠送，若客户自愿加选需另外收费。

甲方向其会员赠送免费摄影礼券，每个会员仅限一张。

3. 甲方会员持会员卡和礼券到乙方店内办理预约拍照手续，为了工作统筹，督促客户拍照后来选片，预约时交纳人民币××元预约

(续表)

金，取照片后原数全款退还客户。

4. 乙方负责摄影礼券的设计和印刷及全部费用，首期向甲方提供　　份，甲方须在____年____月____日以前把礼券发入到会员手中。若数量不够，乙方将及时提供。

5. 乙方绝对保证免费拍摄的内容，如有额外消费，一切遵从客户自愿，不做任何强迫消费。如由乙方服务引起的客户纠纷，由乙方承担一切责任并妥善解决争议问题。

6. 如双方为本次活动做宣传，则必须于宣传活动中明确标明对方形象徽记。

7. 本协议未尽事宜双方协商解决。

8. 本次活动一经开始，双方不得干涉对方的经营理念，但对此次活动有监督的权利。(一切本着让客户满意的原则)。

9. 本协议一式两份，双方各执一份。

10. 本协议自双方代表签字盖章之日起即生效。

甲方：________超市公司　　　　乙方：________婚纱影楼

代表：______________　　　　代表：______________

日期：______________　　　　日期：______________

接下来的工作便是确定具体的活动方案。在此，提供几份婚纱影楼异业联盟策划方案，仅供读者参考。

【范例12】

“魅力女人”摄影策划方案

一、活动主题

××××年××市××婚纱第三届“魅力女人”评选大赛

二、组织机构

主办单位：××市电台、××婚纱摄影公司

媒体支持：搜狐焦点、114折扣、信息港、视听之友、××市电视台

三、参赛规则

1. 凡年龄在18～40周岁的女性均可参赛（已婚、未婚均可参赛）。在活动期间预约婚纱套系的新人，均可获得参与评选大赛和抽奖（入场券）资格。

2. 面向全市征集××××年至今在本店拍摄的照片和其他点拍摄的均可参加！

四、活动流程

（一）现场报名

××婚纱摄影公司

时间：××××年××月××日至××月××日。

地点：××婚纱摄影××店

友情提示：没有合适生活照片的参赛者可直接去现场报名。

（二）海选

时间：××××年××月××日起，100名截止 ××月××日。（入围100强所有票数归零）

方式：采取网友投票、电话投票与人气投票、本月在××婚纱店内消费的客户可参与票数投票结合的评选机制。

（三）决赛：

时间：××××年××月××日至××月××日

（四）颁奖：

时间：××××年××月××日19：00

举行盛大的颁奖典礼，第三届魅力女人大赛组委会现场颁奖。

五、具体投票方式

随手札记

1. 到店内领取实名票（一人一票）

2. 网上点击投票（前100名选手给实名票数100票，前20名给实名票数200 票，前3名给实名票300票，第一名给××5200元钻饰）

3. 本月在××婚纱消费的客户可参与票数投票。

六、奖项设定

（以下已确定奖品由××婚纱摄影无偿提供）

冠军：冠军杯+荣誉证书+参赛数码照片+××提供的价值2999元第五套情侣号人民币一套+××提供的价值5200元的钻饰一件+××提供的价值近10000元的家具。

亚军：亚军杯+荣誉证书+参赛数码照片+××提供的价值近9000元家具。

季军：季军杯+荣誉证书+参赛数码照片+××提供的价值近6000元家具。

前20名：参赛数码照片+荣誉证书+商家赞助奖品。

前100名：参赛数码照片+商家赞助奖品。

【范例13】

新婚送礼酒店合作方案

甲方：______________酒店

乙方：______________摄影

1. 为了实现共同发展，经甲、乙双方友好协商，现达成如下意向：活动期间在甲方购买正价套餐一份的客户，由乙方免费提供价值 588 元的免费摄影礼券。

2. 活动时间：××××年××月××日至××月××日。

3. 甲方负责礼券的发放和相关宣传等相关安排，提供买场内2个放 X 展架的场地。

4. 乙方负责提供贵宾摄影礼券中所有免费项目的成本及服务。做好对客户摄影礼券中所载项目的服务。

5. 乙方提供给甲方员工每人贵宾金卡一张，甲方员工凭卡到乙方消费，可以享受乙方内部员工待遇。

礼券使用说明：

（1）每人限享用一张券。如拍全家福，一家人只能用一张券，不能多券并用。

（2）客户凭摄影礼券，可拍全家福套照（限 3~5 人）、婚纱照、艺术照，任选一项拍摄。

（3）凭礼券免费享受价值 588 元内容（客户任选 a、b 一项）

a 项：透明彩妆一次价值200元；整体形象设计一次价值168元；7寸数码照片3张价值900元国际流行服饰一套；价值180元3寸钱包照片；2 张价值80元精放50厘米×70厘米数码大照片一幅价值 150元。（以上为价值 588 元赠送项目，摄影技术服务不计费用）

b 项：凭此券到××摄影预约婚纱照，可在以下四项中任选一项：多穿国际礼服一套；多送 7 张基本组照片+多选摄影礼服一套；多送喜帖 30 张；多送 Flash 动感电子相册一本。

乙方绝对保证以上所有免费拍摄内容，如增加内容或有其他消费，一切遵从客户自愿。

（续表）

活动参与细则：

礼券有效期：××××年××月××日至××月××日前到××摄影店签一份预约单(过期无效)并交 200 元订金，确保预定时间给客户拍摄，取片后订金全额退还。如因客户原因更改拍摄时间，可电话通知本店。统一由××摄影店按预约先后顺序安排拍摄。

特别声明：

1. 本次活动按规定赠送给客户，超过规定数量的多拍的所有照片及数据库版权 归××摄影所有，如客户需要照片请另行付成本费。

2. ××摄影绝对保证客户肖像权不受侵犯，如有侵犯一切责任由××摄影承担。

3. 本次活动具体操作方法以××摄影（活动细节）规定为准。

4. 本次活动××摄影保留最终解释权。

五、其他事宜

1. 甲、乙双方在活动期间都有责任和义务宣传、维护对方企业形象。

2. 甲、乙双方本次合作期限为自______年_____月_____日有效。

甲方（盖章）：________________　　乙方（盖章）：________________

代表签字：________________　　代表签字：________________

联系电话：________________　　联系电话：________________

随手札记

八、如何对进行月度绩效考核

绩效考核是对员工工作成绩的考核，是店长的重要工作之一。一般来说，婚纱影楼店每月月底都会进行月度绩效考核，到年底时又要进行年度绩效考核，有些婚纱影楼店还要进行季度考核。每家婚纱影楼店情况不同，店长要根据婚纱影楼店实际情况作出适当安排。在此，提供几份婚纱影楼店部门绩效考核表，仅供读者参考。

【范例 14】

门市部绩效考核表

区域：　　　　　　　　　　　　　　时间：　　　　　　　　　　　　　　考核人：

绩效 类别	考核项目				
	业绩完成情况	成交率	客均消费	服务满意度	客怨、客诉率
目标计划					
实际完成					
完成程度					
原因分析					
如何改进					
创新及效益					
组织部门培训情况					
部门考核情况	第一名：			最后一名：	
部门淘汰情况					
本周总结					

（续表）

<table>
<tr><td rowspan="2">绩效
类别</td><td colspan="6">考核项目</td></tr>
<tr><td>业绩完成情况</td><td>成交率</td><td>客均消费</td><td>服务满意度</td><td colspan="2">客怨、客诉率</td></tr>
<tr><td>对其他部门意见及改进方案</td><td colspan="6"></td></tr>
<tr><td>与其他部门已沟通和解决的问题</td><td colspan="6"></td></tr>
<tr><td rowspan="3">下月计划</td><td>目标业绩</td><td>成交率</td><td>均消</td><td>服务满意度</td><td colspan="2">客怨、客诉率</td></tr>
<tr><td></td><td></td><td></td><td></td><td colspan="2"></td></tr>
<tr><td colspan="6"></td></tr>
<tr><td rowspan="2">巡场人员一月抽查汇总情况（总扣罚）</td><td>区域仪容仪表</td><td>区域卫生</td><td>物品摆放</td><td>员工状况</td><td>三米微笑</td><td>服务态度（对内、外）</td></tr>
<tr><td></td><td></td><td></td><td></td><td></td><td></td></tr>
<tr><td rowspan="2">抽查情况</td><td>没按要求做：
（次数）</td><td colspan="5">没按时交表格记录：</td></tr>
<tr><td colspan="6">重大活动完成情况：
造成的重大事故：
按派工单要求完成工作情况：
是否服从安排：</td></tr>
<tr><td>本月考核结果</td><td colspan="6"></td></tr>
<tr><td>店长评分及意见</td><td colspan="6"></td></tr>
</table>

【范例 15】

后期部绩效考核表

区域：　　　　　　　　　　　　时间：　　　　　　　　　　　　考核人：

绩效 类别	考核项目					
	误件率	错件率	漏件率	返件率	成品一次合格率	客怨、客诉率
目标计划						
实际完成						
完成程度						
原因分析						
如何改进						
创新及效益						
组织部门培训情况						
部门考核情况	第一名：			最后一名：		
部门淘汰情况						
本月总结						
对其他部门意见及改进方案						
与其他部门已沟通和解决的问题						

（续表）

<table>
<tr><th rowspan="2">绩效
类别</th><th colspan="6">考核项目</th></tr>
<tr><th>误件率</th><th>错件率</th><th>漏件率</th><th>返件率</th><th>成品一次合格率</th><th>客怨、客诉率</th></tr>
<tr><td rowspan="3">下月计划</td><td>误件率</td><td>错件率</td><td>漏件率</td><td>返件率</td><td>成品一次合格率</td><td>客怨、客诉率</td></tr>
<tr><td></td><td></td><td></td><td></td><td></td><td></td></tr>
<tr><td colspan="6"></td></tr>
<tr><td rowspan="2">巡场人员一月抽查汇总情况（总扣罚）</td><td>区域仪容仪表</td><td>区域卫生</td><td>物品摆放</td><td>员工状况</td><td>三米微笑</td><td>服务态度（对内、外）</td></tr>
<tr><td></td><td></td><td></td><td></td><td></td><td></td></tr>
<tr><td rowspan="5">抽查情况</td><td>没按要求做：
（次数）</td><td colspan="5">没按时交表格记录：</td></tr>
<tr><td colspan="6">重大活动完成情况：</td></tr>
<tr><td colspan="6">造成的重大事故：</td></tr>
<tr><td colspan="6">按派工单要求完成工作情况：</td></tr>
<tr><td colspan="6">是否服从安排：</td></tr>
<tr><td>本月考核结果</td><td colspan="6"></td></tr>
<tr><td>店长评分及意见</td><td colspan="6"></td></tr>
</table>

【范例16】

取件部绩效考核表

区域：　　　　　　　　　　　　　　　时间：　　　　　　　　　　　　　　　考核人：

<table>
<tr><th rowspan="2">绩效
类别</th><th colspan="6">考核项目</th></tr>
<tr><th>服务满意度</th><th>误件率</th><th>漏件率</th><th>客怨、客诉率</th><th>投诉处理及时率</th><th>承诺客户完成率</th></tr>
<tr><td>目标计划</td><td></td><td></td><td></td><td></td><td></td><td></td></tr>
<tr><td>实际完成</td><td></td><td></td><td></td><td></td><td></td><td></td></tr>
<tr><td>完成程度</td><td></td><td></td><td></td><td></td><td></td><td></td></tr>
<tr><td>原因分析</td><td></td><td></td><td></td><td></td><td></td><td></td></tr>
<tr><td>如何改进</td><td colspan="6"></td></tr>
<tr><td>创新及效益</td><td colspan="6"></td></tr>
<tr><td>组织部门培训情况</td><td colspan="6"></td></tr>
<tr><td>部门考核情况</td><td colspan="3">第一名：</td><td colspan="3">最后一名：</td></tr>
<tr><td>部门淘汰情况</td><td colspan="6"></td></tr>
<tr><td>本月总结</td><td colspan="6"></td></tr>
<tr><td>对其他部门意见及改进方案</td><td colspan="6"></td></tr>
<tr><td>与其他部门已沟通和解决的问题</td><td colspan="6"></td></tr>
</table>

（续表）

<table>
<tr><td rowspan="2">绩效
类别</td><td colspan="6">考核项目</td></tr>
<tr><td>服务满意度</td><td>误件率</td><td>漏件率</td><td>客怨、客诉率</td><td>投诉处理及时率</td><td>承诺客户完成率</td></tr>
<tr><td rowspan="3">下月计划</td><td></td><td></td><td></td><td></td><td></td><td></td></tr>
<tr><td></td><td></td><td></td><td></td><td></td><td></td></tr>
<tr><td colspan="6"></td></tr>
<tr><td rowspan="2">巡场人员一月抽查汇总情况（总扣罚）</td><td>区域仪容仪表</td><td>区域卫生</td><td>物品摆放</td><td>员工状况</td><td>三米微笑</td><td>服务态度（对内、外）</td></tr>
<tr><td></td><td></td><td></td><td></td><td></td><td></td></tr>
<tr><td rowspan="5">抽查情况</td><td>没按要求做：
（次数）</td><td colspan="5">每日没按时交表格记录：</td></tr>
<tr><td colspan="6">重大活动完成情况：</td></tr>
<tr><td colspan="6">造成的重大事故：</td></tr>
<tr><td colspan="6">按派工单要求完成工作情况：</td></tr>
<tr><td colspan="6">是否服从安排：</td></tr>
<tr><td>本月考核结果</td><td colspan="6"></td></tr>
<tr><td>店长评分及意见</td><td colspan="6"></td></tr>
</table>

九、月度工作总结

婚纱影楼店店长可以编制一个简单的月度工作总结简表，对本月工作进行总结。在此，提供一份月度工作总结模板，仅供读者参考。

【范例17】

月度工作总结简表

店名		员工人数		店长姓名	
业绩目标		达成业绩		达标率	
本月的重点工作内容与主要成果					
与目标业绩的差距原因分析及补救措施					
本月优缺点分析					
下月工作安排					
需要协助					

管理心得

管理心得，其实是婚纱影楼店店长对自己个人工作的总结。可以是对某一个事件的看法，也可以是某一项工作的实施计划；可以是成功的经验，也可以是失败的教训。

我的月度管理心得

已办事项	
未办事项	
待办事项	
通过这一个月的工作，我最大的收获是：	

第四章

如何安排与落实季度工作

对于一个季度的工作安排，是属于宏观性的，要对一个季度的重点事项做到心中有数。才能按照季度工作安排做好每月、每周和每一天的工作。

作为店长，每一季度的重点工作都需要有所侧重；但是总的来说，每一季度的工作中又有重复的事情。要想让自己能从容应对诸多工作事项，你要将自己的每一季度的工作都做好安排。

一、制订门店季度目标计划

（一）季度重点工作指引

店长可以制定一个季度重点工作指引，将每个季度的重点工作大致分列出来。然后再对每一个季度的工作进行具体安排，表4-1是某婚纱影楼店店长的季度工作重点指引。

表4-1　季度重点工作表

季度	重点工作	备注
一	（1）编制本季度门店工作计划 （2）门店新员工招聘工作 （3）新入职员工培训考核 （4）本季度优秀员工评选 ……	
二	（1）编制本季度门店工作计划 （2）员工客户开发培训 （3）年中优秀员工评选 （4）本季度优秀员工评选 ……	
三	（1）编制本季度门店工作计划 （2）加大本季度业务推广 （3）对客户进行分析总结 （4）新老员工经验交流分享 ……	
四	（1）进行门店年终总结及下年度安排 （2）对员工进行年终考核 （3）年度优秀员工评选 ……	

（二）季度工作计划

店长确定了每一个季度的重点工作之后，就要制订具体的每个季度的工作计划。店长可以要求每个店员写一份季度工作计划，在制订婚纱影楼店的工作计划时可参考店长的工作计划，并在年度计划的要求下合理安排。

二、配合编写新员工培训计划

婚纱影楼店会不时招聘新员工，因此店长应配合人力资源部编制一份新员工培训计划，以便对新入职员工进行培训。在此，提供一份新员工培训计划，仅供读者参考。

【范例 01】

××婚纱影楼新员工培训计划

在录用通知时告知事项：身份证、一寸彩照，新员工在早会上做自我介绍，服装穿着深色、黑鞋。

一、培训内容：

1. 领新人认识公司框架结构及部门，现场场景及环境。

2. 培训员工手册，早会流程，早会口号背会。

3. 公司流程、部门流程。

4. 工作岗位说明书，各部门的部门制度和要求。

5. ××操作系统的操作（安排客服部建立相应的账号和权限）。

6. 礼仪规范。（接待人员口语演练、个人形象规范、专业服务人员禁忌、亲情服务标准）

7. 公司企业文化。（硬件设施、首饰、婚纱的品牌）

8. 公司薪酬和考核方法。

9. 强调事宜及补充内容。

二、部门培训强调内容

1. 各部门主管安排员工：卫生区划分，灯光分配，部门礼仪，个人工作具体安排，进行内部工作作业、工作流程培训及注意事项。

2. 客服部：人性化客服流程规范、客户服务短信范例、强调财务制度、一对一流程制度。

3. 化妆部：礼服知识及常用话术、新人拍摄前注意事项、化妆师注意事项、一对一流程制度、化妆部公约。

4. 门市部：销售流程、如何解决客怨、门市衣着规范、一对一流程制度、门市部公约、站位安排，接单方式、技巧、要求、权限和系统操作、流水号排列顺序规则，产品区品名和价格、尺寸以及常用的专业用语。

随手札记

5. 摄影部：化妆部公约、外拍注意事项、一对一流程制度、看样片按照样片拍摄。

6. 数码部：一对一流程制度、数码部公约、发片时限、修片要求。

三、培训后事宜

1. 培训第3天下班前登录指纹，并教会如何打卡。

2. 试用期结束后签订合同（简历，照片，劳动合同及补充条款，薪资制度，保密条款，离职说明）。

3. 培训后培训签字。

4. 领用工牌，工服及必要办公物品（毛巾、更衣柜钥匙押金20元）。

同时，店长要让新员工更加清楚的了解本公司的相关规章制度，可以向其发放《新进员工指导手册》。在此，提供一份婚纱影楼店的新进员工指导手册，仅供读者参考。

【范例 02】

×× 婚纱影楼店的新进员工指导手册

随本附上××婚纱系统组织及各式业务规范表格，这是公司生活及工作流程的指南，在您加入××影楼的同时，提供您正确的途径更期盼您能积极地投入及热心的钻研，并善于发挥个人魅力和才能，以期能尽快使您成为一流的、顶尖的、专业的服务人才。

本手册列为公司机密，切勿对外公开，敬请细心详阅，随时参考，并予妥善保管，若您在生活及工作上遇有难时，欢迎随时洽询。公司将给您最大的助力。

谢谢！

本手册不可遗失及带出公司，离职必须交回，未交回者罚款××元。

公司全名：××市××婚纱摄影

手册领用人：______________

日　　期：______________

序：

您好，欢迎您加入××婚纱，成为其中的一分子。在此，本《新人手册》谨代表公司向您问候，并透过本手册将公司的行政信息、组织营运、部门系统，以最迅速、直接的方式向您介绍，希望对您有所助益，并能立即进入公司状况。

经营理念。××婚纱秉持服务业之最高精神“品质优先、服务至上”一切以客为尊之观念为出发点。

阵前布线、洽询预约、过程安排、阶段追踪、尾劲圆满、事后检讨、售后服务、永不放弃，更为××婚纱永续经营的精神。

再加上影像突出、良好组织的摄影群，及自我特色、独树一格的礼服强势，如此有效软硬体兼备的运用，方使得企业生命能更成长、更延续。

系统组织××婚纱发挥点、线、面分工合作的组织系统，由个人责任制，挥发到部门运行，进而贯彻执行整体作业的成功。事有专业、物有专项、人有专责，凡事皆采个人责任制的作业方式，群体策群力将延绵不断的功能，提至最高，成为公司足以傲视同业的本钱。

一、出勤管理

1. 各部门新进人员，为促使您提早进入公司的最佳服务状况，并能熟悉职掌，一开始得连续上全天班7～15天，具体视个人学习状况而定。

2. 公司会议、临时会议或部门会议需要时，当日得上全日班。

3. 上下班勤务作息时间及用餐时间如后：

4. 员工上下班及中午用餐签到、签出（可视季节或公司政策公布时间而定）。

5. 员工私下代签到经检举或发现，首次罚金，再犯者予以开除。

6 迟到者罚款，严重者记过，全月全勤者，并给予奖金××元。

7. 未经准假不可于上班时间内私自外出，私自外出者罚款××元。

8. 员工不可电话请假，电话请假者视为旷工。

9 请假未经批准而私自休假，扣三天工资。

10. 公司会议聚餐视为重要信息，无故缺席者，视为旷工。

11. 员工正常休班应和主管协商好，保证公司正常工作不受影响的情况下进行轮休，星期六、星期天及重要节假日不准休假或请假，否则视为旷工。

二、薪资发放

1. 公司个人底薪及奖金和主管加级奖金，于每月10日发放。新人到职未满7天，属职前教育期间，若无故离职者，不予核发。

班别	上下班时间	用餐及休息	备注
A班	8：00～17：00	11：30～12：30	视季节适时而定
B班	13：00～22：00	18：00～19：00	

随手札记

2. 薪资及奖金属机密性质，公司列为保密条款，员工切勿探询他人或自行公开，若因个人行为泄密，而致他人检举或申报时，当事人记过处分。

3. 个人业绩呈报，以当月个人成绩单为依据，员工须于月初3日以前主动呈报于主管。

4. 个人业绩登记表，请每日下班前自行记录，若与总台每日公告的成绩现单有出入时，请即刻提出申诉，重视个人福利与权益。

三、服务规章

1. 女性员工务必于上班后30分钟内打扫卫生及个人化妆、整发、保持仪容之美。

2. 上班穿工作服、戴胸卡，违者罚款××元。

3. 公司营业中或于客户面前，请对主管稍呼其职衔。

4. 勿于同事或客户面前谈论他人之不是。

四、工作精神

1. 永远秉持“公司客户皆为衣食父母”的从业心境。

2. 随时保有“客户永远是对的”的从业心态。

3. 不随便答应客户之无理要求，但允诺之后，则务必实践，不可食言。

4. 不草率允诺客户之超出作业状况的要求，但答应后则务必做到，信誉第一。

5. “笑容、客气、有礼貌”是成功的开始。

6. “活泼、开朗、有信心”是动力的源泉。

7. “细心、认真、主动”是服务精神的要素。

店长的话：

谨代表“××婚纱全体同仁”欢迎您的加入！“新血”就是新的动力、新的开始。不要吝啬你的智慧！不要低估你的能力！去做！停下来只是让别人越过你。去做！犹豫中只会让自己没有信心。去做！让大家感受到你的重要，并依赖你。记得！“将刁钻难缠的客户，视为亲朋好友般做事，耐心处之！那么！即可在您得到一份薪水之余，再赚取一份学习的经验。”

××婚纱摄影　××　店长

三、如何做好外展和秀场

婚纱影楼的盈利渠道主要有自然进客、老客转介绍、网络营销等方法。对婚纱影楼来说，在旺季举办一次成功的秀场，不仅可以迎来大量的订单，也是一个打响品牌名声的好时机。

婚纱影楼秀场是指针对中国婚纱影楼的一种系统的、快速打开市场、提高知名度的促销模式。作为店长，“如何做好秀场”，这是一个必须掌握的问题。

（一）场地选择

外展及秀场的场地选择很重要，一定要有充足的面积，同时还要能够聚集起人潮来。外展场所选取好以后，要提前进行季度预约或年度预约，因为其他影楼也必定要选择这些地方，因此要抢占先机。每年的3月中下旬、五一节前夕和节日期间，8月中下旬，国庆节前夕和节日期间、南方地区的元旦和春节期间都是作外展和秀场的黄金时期，店长必须认真把握。

特别提示：

不管什么方式一定要让活动时间定在双休日或节假休息日，而且要提前半个月打算好，这样有利于活动筹备。秀场不要没有理由地去秀，在理性消费的今日一定要让客户感觉到真实性和可信性，否则会适得其反。

（二）时间安排

做一个秀场要有一个理由，也就是能吸引客户的噱头，一般常做的有开业、节假日、周年庆、装修再开业、新主题推广等活动，影楼常做的就是节假日促销，找出适合自己影楼的促销节日或方式。

（三）活动策划

时间安排好后，就是活动方案的策划，现在影楼常做的活动有酒店秀、商场秀、户外秀、店内秀等秀场活动，不管什么秀，适合自己量力而行，最主要有1～3个亮点去吸引客户。很多的秀场都做抽大奖、抓钱、送汽车、送房产、送旅游、免费拍、送礼品等方案，当然还有很多的方法去吸引客户。

做好活动策划，找到活动吸引点、亮点，选好活动地点，并做出相应的平面设计工作，再寻找一些联盟商带动人气提供奖品，这样一场秀就要开始啦，但只是开

随手札记

始，细节工作是秀场最重要的部分，注重细节更容易成功。

（四）礼品筹备

活动的礼品费用占活动总投资的60%左右，目前一般礼品是影楼自己买，当然能够做异业联盟更好，自己的影楼要有一定的影响力，再和赞助商谈判，如果没有什么影响力也可以通过对自己影楼历史进行再包装的方式，然后去商谈更容易成功。在本地市场寻找与新婚有关的产品企业、专卖店等进行异业联盟提供奖品如下：

（1）结婚用的喜烟——品牌香烟厂家办事处。

（2）喜糖——糖业公司联系；品牌糖果本地专卖店或办事处。

（3）喜酒——寻找本地热销的酒水厂家或办事处。

（4）床上用品——大品牌的床上用品本地代理商或专卖店。

（5）电脑——现在电脑品牌较多，应尽量选择大品牌。

（6）手机——新婚什么都要新，手机也是新人必选的新婚产品，看你如何理解。

（7）彩电、冰箱——厂家服务站或办事处联系。

（8）家——找厂家直销或代理商。

（9）婚庆公司——目标相同但没有竞争关系，可以提供活动现场布置。

（10）酒店——寻找知名大酒店提供新人婚宴及嘉宾接待服务。

特别提示：

《中华人民共和国反不正当竞争法》中的规定，经营者开展抽奖式的有奖销售，最高奖的金额不得超过五千元。因此店长在设置奖品时，应注意对其进行把控，以免出现违法现象，得不偿失。

（五）赞助商洽谈

一般厂商除了自己的产品可赞助外，还有自己促销的小礼品，都可以作为活动赞助提供，不过要先把大件产品谈妥后再谈小礼品，这样对方比较好接受，赞助商的洽谈要从对方的利益点出发，让对方感受到本次活动的意义所在，宣传覆盖范围和目标性、延续性，让对方感受到真诚。

店长在选择赞助商时，最好是选择大品牌，因为大品牌都很重视营销，对各类宣传渠道都很敏感，而且对影楼也有品牌带动的作用。

（六）前期准备

活动的前期准备很重要，每一项工作都要提前备好，凡是跟活动有关物资都要备齐，不要在活动时才发现少了东西而手忙脚乱。

（1）现场物资准备。

(2) 奖品筹备。如果没有拉到赞助，就定购本地市场不多见的产品作为礼品，另外再购买一个大件产品作为吸引点，不过千万不要虚假设奖。

(3) 宣传品设计制作。宣传单、礼品券、抽奖券、海报、易拉宝、客户胸牌等。

(4) 媒体宣传。寻找适合自己的媒体，尽量使产品抵值降低成本，报纸、DM直投、手机短信、网站宣传等。

(5) 活动人员安排。与工作人员签订“作战人员任务书。”在此，提供一个范本，仅供读者参考。

【范例 03】

××婚纱影楼秀场作战人员任务书

一、指挥：________

负责：

A. 整个任务分配及教育训练。

B. 现场调度、带动气氛、安排各项事宜。

C. 综合任务验收。

D. 现场引客入桌组，现场接单组人员培训任务分配等，列出各式套系价格，现场提问问题及奖品内容设定。

(续表)

二、引客入桌组名单：（分组一对一，男女互配）

组长：（负责引客入桌、人员调动及文宣品保管及补充，配合现场布置，台子搭放。）

A组________ B组________ C组________

组员：

①____②____ ①____②____ ①____②____

③____④____ ③____④____ ③____④____

⑤____⑥____ ⑤____⑥____ ⑤____⑥____

⑦____⑧____ ⑦____⑧____ ⑦____⑧____

⑨____⑩____ ⑨____⑩____ ⑨____⑩____

负责：散发传单，围堵人潮，更换相册，假占桌组，引客入桌，内外场报务等事项。（人选：活泼、好动、外向、脸皮厚、不怕吃苦）

三、外接单人员名单：

组长：（负责全组门市人员各项事物及全组士气的带动）

组员：（负责说服宣传现场预约等）

A组________ B组________ C组________

组员：

①____②____ ①____②____ ①____②____

③____④____ ③____④____ ③____④____

⑤____⑥____ ⑤____⑥____ ⑤____⑥____

（续表）

四、静态现场广播主持人

负责：秀场主持及场内广播串场，主持人至少10分钟广播各式订单的鼓吹内容以便带动气势，事前设定写出各式说话内容。（音响器材，话筒操作正常）

五、现场服务人选

A_____B_____C_____（亦需帮忙接单、本组接单人员的各项要求、拿相册、相框、客户饮水、带动气氛、掌控占桌入座情况、礼品派送、收付款，业绩统计）

六、收银

（1）_____（2）_____

负责：现场资金存放，计算器、收款收据、小蜜蜂业绩报表的保管，统计营业收入（每日呈报）、现场现金收入，制作秀场业绩报表，门市人员作业业绩评比表、奖品发放统计表等，负责现场抽奖，发放奖品等工作。

七、动态秀负责人

负责：整场动态秀的时间落实，各个节目的连接，音乐播放，VCD挑选及准备。（至少5张VCD要求富有节奏动感的）

八、造型人员名单

造型主管：（负责先前准备各式造型及头纱）

白纱_____件、晚装_____件、特色服_____件。

（续表）

造型助理：_____、_____（负责帮助化妆师各项事宜，换服装）

九、动态秀节目主持人

（负责动态秀节目的连接，现场气氛的带动，介绍本次活动的主要内容）

十、后勤负责人

负责：

1. 现场场地布置搭台，桌椅布置及收放。（引客入桌组配合）夜间照明灯光。

2. 秀场当天员工饮用水及用餐。

3. 场内的安全保安工作。

十一、外展落实：

负责：场地规划及器材商接洽租，报纸广告，电视广告的联系播放，横幅的制作，模特人员落实。

十二、拍照人员

（负责现场拍照，录影。）

十三、留店人员

（负责店内各项事物，客户进门后的服务。）

备注：_____年_____月_____日16：00一切准备就绪，落实汇报。

（6）奖、罚制度。这是对员工的一种经济刺激，可以提高接单成交率。在此，提供一份婚纱影楼秀场奖金激励制度，仅供读者参考。

【范例 04】

××婚纱影楼秀场奖金激励制度

一、个人奖金

1. 每天秀场订金收入最多者（冠军1名）奖100元/每天。（平均订金收达300元以上，订金总收入不低于4000元）

2. 每天秀场接单对数总和最多者（冠军1名）奖100元/每天。（平均订金收达300元以上，每日不低于8对）

3. 每天秀场接单平均每日10对以上者。（每人奖100元/每天、每对订金须满300元以上统计，只要是超过，人人皆奖）

4. 每天现场立收全款订金除业绩奖外，再奖励20元/单。（消费4599元以上套系）

5. 每天现场每对立收订金1000元除业绩奖外，再奖励15元/单。（必须消费4599元以上）

6. 每天现场每对立收订金600元除业绩奖外，再奖励10元/单。（必须消费4599元以上）

7. 门市单天收入订金个人提成：达3001元以上，提成______%；单天4001元以上，提成_____%；单天5001元以上，提成____%；单天8001元以上，提成____%；单天10001元以上，提成______%。

二、引客入桌组（小蜜蜂）

1. 小蜜蜂每天成功引客入座数量奖（20～40岁以下情侣为一对）加发奖_____元，其他类_____元。（每人每天基本责任对数下限为30对情侣，底薪30元，超过后计算。）

2. 当日引客业绩个人达到70对情侣，另给奖____元，达到100对给奖元。

3. 当日引客业绩各队的第一名再奖_____元，第二名奖_____元，（前两名业绩最低不低于50对情侣），奖金当日统计，当日发放。

随手札记

（7）活动前员工培训。针对活动方案做一个全方位的培训，让每个员工都明白活动的主题、意义、优惠条件等，让每位员工都清楚地了解，可以提高成交率，也会带来佳绩。

（8）门市业绩排行榜（见表4-2）。现场提高门之间的竞争，提高整体战斗力。

（9）活动节目安排。做些歌舞文艺表演、婚纱礼服走秀，增加看点和人气。

（七）活动流程

活动流程是一个非常重要的环节，是整个活动的成败关键所在，对于不重视流程的操作，会导致现场很乱，照顾不周，客户很容易产生客怨。

（1）现场布置，一般就是搭建舞台、支搭展示棚、桌凳摆放、产品摆放、礼品发放、新人登记处等。

（2）礼品的堆码要讲究，可以吸引更多的注目，带动人客量。

（3）前来客户由迎宾组带领至新人

表4-2　门市秀场业绩表

________队　　　　　　　　　　　　队长：________

开花	门市 姓名	门市 姓名	门市 姓名	门市 姓名	门市 姓名	门市 姓名	门市 姓名	门市 姓名	门市 姓名	门市 姓名
1										
2										
3										
4										
5										
6										
7										
8										
9										
10										
11										
12										
13										
小计										
合计										

备注：此表由收银负责现场随时填写，提供给播报人员每小时播报一次。主持人每小时都必须公开宣读接单各组的总成绩及个人成绩，播报时以“花开×朵”的方式进行。当门市个人一有成功约单后，即必须立刻播报：“现场门市人员请注意，好消息通知（重复一次），×队的××又花开一朵！（重复一次），请大家给予掌声鼓励！”

登记处。（如果是户外活动小蜜蜂拉单此项可免，由小蜜蜂直接带新人入座）

（4）入店后迎宾或小蜜蜂找空桌并喊“欢迎光临”引起门市注意，门市入座，迎宾或小蜜蜂离开。

（5）冷餐组看到有新人入座即刻将饮品、糕点、水果等送至桌前，面带微笑，礼貌先行，就像星级酒店的服务方式。

（6）门市助理听门市主管安排，团队默契配合。

（7）所有门市现场不得随意离坐影响接单，有事要找来替补，方可离开现场。

（8）现场不得接听私人电话或大声喊叫，以手语代替，各组人员必须看到门市组的需要。

（9）接单成功后打手语请收银前来，收银组前来收银说些让客户感觉非常划算的语言，并送些祝福语。

（10）收银成功后，现场播报带拉拉队并给新人献上酒水表示祝贺，然后播报喜讯并放礼炮，全体员工尽量配合全部拍手制造气氛带动现场订单率。

（11）一位现场经理紧盯现场，一有需要手势，立刻上前帮助；成功播报后，门市把客户介绍到助理处由她们带领去领抽奖处抽奖不影响继续接单。

（12）礼品组主动和客户打招呼并请客户抽奖，并登记所抽奖项并让客户登记，抽奖播报祝贺。

在此，提供几份婚纱影楼秀场策划案及主持人讲稿，仅供读者参考。

【范例 05】

庆六一 ×× 婚纱影楼秀场方案

欢度六一节，惊喜折上折，6+1快乐集结号！

活动内容一

惊喜一重奏：即日起凡网络咨询客户就可享受宝宝照特惠套餐特价6.1折。

惊喜二重奏：即日起凡网络预约客户

随手札记

就可赠送价值108元中国结一个。

活动内容二：

6.1 折礼献儿童节

活动期间成功预订××婚纱影楼所有儿童套系，即可享受6.1折限时特惠，每天仅限前16位。

6+1特惠深情父母爱

6+1(特定套系)快乐风暴订单免费送：

快乐风暴1：赠价值200元的××早教卡一张！

快乐风暴2：赠××鳕鱼肝油一瓶！

快乐风暴3：赠平安岁月乖宝宝成长册一本！

快乐风暴4：赠可爱狗狗宝宝使用毛巾一盒！

快乐风暴5：赠宝贝水晶钥匙扣2个！

快乐风暴6：赠12厘米×12厘米精美迷你可可摆台一幅！

6+1(特定套系)震撼风暴，定单免费送

附赠价值300元外景拍摄靓照，提供服装一套(拍摄不少于40张)。

备注：所有套系价格内容不变，原先价格全部根据6.1折做提升(相当于现在正常价格的9折)

【范例06】

××婚纱影楼主持人讲稿

一、热场（背景音乐响起）

爱一个人是一种幸福，同样被人爱更是一种幸福，当爱与幸福天各一边时，随之而来的是在心中萌生的一份希望与牵挂。在我们的人生历程中，每一个人都有属于自己的那一份牵挂，因为那这份牵挂代表着永恒的诚挚与祝福。如果上天允许的话，我愿意站在我们初遇时的那个街角许下诺言——你仍是我的唯一。大家好，今天是十一长假第一天，首先，祝大家节日愉快。在这阳光明媚，秋高气爽的日子里，我们有幸相聚××广场，共同领略时尚经典为我们带来的另一番气息。

今天××广场与××婚纱影楼强强联合，携手将这台对美的不懈追求与领悟的时尚婚纱礼服现给大家，展现给时尚可爱的朋友们。稍后的一段时间，这里将上演一场精彩纷呈，浪漫典雅的时尚婚纱秀，相信我们是与秋天一起来到您的身边，因为我们在用心走进您。

那曼妙的款款婚纱，多情婀娜的晚装，那精致妩媚的妆面，高贵典雅的造型流露的无一不是关于美的诠释。××婚纱影楼正在用独有的表达方式与您传递着爱的信息。

二、开场

今天的“《金秋十月，结婚季》2014秋季婚纱礼服发布会”为大家准备了几场精彩的表演，分别不同的婚纱以及礼服为主题，演绎不同风格的美丽，敬请大家欣赏。

这里，我们衷心地希望今天的婚纱秀能够给各位带来最纯美的心灵感应，希望各位能够从中体会到一份与众不同、别开生面的美好。

首先，给大家带来的是阳光精致白纱秀。

看，我们阳光专业Modle已经踏着妖

娆多姿的步伐上场了，她们身着××婚纱影楼提供的典雅白纱，透露着青春纯洁的气息，洋溢着待嫁女儿的美，谁能不为她心动？

三、白纱介绍

白纱，原就美得像梦境，新娘穿上白色霓裳，仿如云端落下的美丽仙子，一种似梦似真缥缈虚幻的弥漫，挑拨着钟爱你的男人的心门。又如天使般稚嫩青涩但不多言，惹人疼惜。

今年的白纱又开始流行细节精致的品质，设计师恨不得把一流的材质布料、高明的裁剪做工通通运用上。像窄摆蕾丝白纱，把修长的身材显露无遗，复古造型，薄纱见底，精致处总是画龙点睛，但绝不烦琐，仿佛回到50年代的典雅年代。

白纱，是每个女人梦寐以求的衣裳，穿上嫁纱，转化成全新的甜蜜角色。天地间最动容的笑脸即是新娘的微笑，遨游在梦想的天地，她已盛装宛如百合绽放，正等着他牵她之手，走进婚礼的殿堂。红毯映出爱情的浓艳和绝美，白纱映出未来生活的宁静和安详……（详字稍拉长音）

剪裁流畅的白纱，你打从心底里感受到和谐的愉悦，精工细雕的轻薄蕾纱，巧覆在晶莹的缎质礼服上，是远离尘嚣的纯粹和神圣。新娘永远是最令人目不暇接、眼花缭乱的风景，最美的艺术观赏品。

宽松的蕾丝蓬裙，得体的剪裁，使曲线更显窈窕，裙上的纯白花蕾，新嫁娘夹上的粉黛笑颜，金色的秋天，就这样来了。仿若回归田园般，天空湛蓝总是有着令人无比舒适的平和感，情不自禁地趋之前往。

四、模特下台换装

看了如此美丽的白纱，您的心是不是也会为之一动，想象着自己已然穿上了一件白纱，漫步在红毯之上了呢？下面，让我们休息一下视觉。用心，来聆听小提琴独奏《××××》。

五、小提琴退场

下面这对Model，身着××婚纱影楼提供的华贵晚礼服，晚宴之美，璀璨华丽。

随手札记

晚宴服的造型更不受约束，使用的素材比白纱更要来的丰富，因为白纱受限于传统新娘所具备的柔美娴淑含蓄，而晚礼服除了可以华贵也可以很素洁，更可以突破传统妩媚、热烈的色彩。感性又有个性的妆型，演绎着永恒的爱情经典。当然基本的发型是先决的条件之一，发型要表现感觉，梳出发型后，再以不同的素材，设定不同的意境。甚至可以依据不同的季节或节庆的内容来表达构思。例如圣诞节，装饰在圣诞树上的饰品及季节的水果、羽毛等，都可以作为造型的素材融入在这个单元里。可以有许多此类创意的作品，大可感受这份所思，自由的想象，发挥出更为广阔的创造空间。

所谓真情，就是两心相系，再携手智慧的巧思。如果你向往欧洲上流社会的时髦，那么，这一系列的礼服，正是你所要的。令人惊艳，没有繁复的构造，却是视觉焦点的保证。“保守”与“开放”相映成趣，蔚为景观。

空气间洋溢着的不仅仅是浪漫的气息，间变的色泽，名贵的面料，虽然只是最基本的要素，却一样样调制出全然不同的经典搭配。犹如徐徐的清风，捎来一个个关于美丽的信息。

鱼尾式礼服，穿出了美人鱼的神秘传说，每一处的设计都恰到好处，完美无暇，不可名状。新娘又有着美人鱼出海面时即期待又害怕受伤的复杂心情，让人怜爱和怜惜。

六、尾声

感谢各位耐心的看完此次《金秋十月，结婚季》2014秋季婚纱礼服发布会！

【范例 07】

×× 婚纱影楼秀场实战广播稿（外展）

各位亲爱的现场嘉宾大家好，非常感谢各位嘉宾莅临现场，参加由××省第一品牌、××婚纱影楼所为您隆重举办的一年一度的大型特惠活动现场！今天在活动现场展示了一系列最新摄影、彩妆、造型、礼服等作品，款式新颖、独特，非常的精致、特别！

即将结婚的朋友请注意了！即将结婚的朋友请注意了！想拍个人写真、父母亲纪念照、全家福、周年照、情侣照、儿童照、以及个人写真艺术照的朋友请注意了！想拍个人写真、父母亲纪念照、全家福、周年照、情侣照、儿童照，以及个人写真艺术照的朋友请注意了！

今天现场打折再打折！优惠再优惠！全面开放式参观、完全没有压力的喔！现在只要到××婚纱影楼大型特惠活动现场坐下来参观，我们将要完全免费的送给坐下来参观的朋友、一份精美、动人、限量珍藏版的参观礼，真的、完全免费、完全没有压力的送给你喔！

好！这是我们今天第三次赠品发放时间，敬请听到这则广播的幸运朋友们，赶快来到××婚纱影楼大型特惠活动现场来领取这一份精美、动人、限量珍藏版的参观礼！数量有限，敬请把握机会！数量有限，敬请把握机会！现在、我们现场的门市人员，正在全面大力派送赠品当中！现在，我们现场的门市人员、正在全面大力派送赠品当中！敬请各位现场的嘉宾，赶快找到空桌，找到现场亲切、美丽的服务人员，领取完全免费、精美、动人、限量珍藏版的参观礼！完全免费的送给你！

我们非常感谢现场的嘉宾、不断莅临××婚纱影楼大型特惠活动现场！现场的服务人员请注意！现场的服务人员请注意！请将精美、动人、限量珍藏版的参观礼兑换券、送给坐下来参观的朋友！现场的嘉宾朋友在领取免费精美、动人、限量珍藏版参观礼的同时，希望你能用3分钟的时间坐下来慢慢欣赏由××婚纱影楼所为您精心准备的摄影作品！如果觉得不错的话，别忘了帮××婚纱影楼多推广、多介绍喔！再次衷心感谢各位嘉宾莅临现场，参加由××省第一品牌××婚纱影楼所为您隆重举办的一年一度的大型特惠活动现场！谢谢您！谢谢！谢谢！

成交报彩稿

大单类：现场再传喜讯！现场再传喜讯！（敲锣）金锣响起，锣声不断！金锣响起，锣声不断！掌声鼓励！感谢新人××先生、××小姐，明智选择，在××婚纱影楼现场抢订结婚精美特惠套系，××婚纱全体工作人员恭祝两位：前程似锦、锦上添花、花好月圆、圆圆满满、一帆风顺、两人同心、三阳开泰、四喜临门、五谷丰登、六六大顺、七星高照、八方进宝、九九登歌、十全十美、百事顺心、千事吉祥、万事如意！恭喜！恭喜！恭喜两位！掌声鼓励！谢谢！谢谢！

结婚类：现场再传喜讯！现场再传喜讯！（敲锣）金锣响起，锣声不断！金锣响起，锣声不断！掌声鼓励！感谢！新人××先生、××小姐，明智选择，在××婚纱现场抢订结婚精美特惠套系，×××婚纱全体工作人员恭祝两位：白头偕老、永浴爱河！恭喜！恭喜两位！掌声鼓励！谢谢！谢谢！

写真类：现场再传喜讯！现场再传喜讯！（敲锣）金锣响起，锣声不断！金锣响起，锣声不断！掌声鼓励！感谢！感谢

随手札记

××小姐，明智选择，在×××婚纱，现场抢订艺术照精美特惠套系，×××婚纱全体工作人员恭祝您：年轻美丽、可爱大方！恭喜！掌声鼓励！谢谢！谢谢！

儿童类：现场再传喜讯！现场再传喜讯！（敲锣）金锣响起，锣声不断！金锣响起，锣声不断！掌声鼓励！感谢！感谢××妈妈，明智选择，在×××婚纱，现场抢订儿童精美特惠套系，×××婚纱全体工作人员祝福您的宝宝：活泼、聪明、可爱、快长快大！恭喜！恭喜！恭喜！恭喜！掌声鼓励！谢谢！谢谢！

周年类：现场再传喜讯！现场再传喜讯！（敲锣）金锣响起，锣声不断！金锣响起，锣声不断！掌声鼓励！感谢！感谢××先生、××女士，明智选择，在×××婚纱，现场抢订结婚周年精美特惠套系，×××婚纱全体工作人员恭祝两位：恩恩爱爱、一生一世！恭喜！恭喜！恭喜两位！掌声鼓励！谢谢！谢谢！

全家福：现场再传喜讯！现场再传喜讯！（敲锣）金锣响起，锣声不断！金锣响起，锣声不断！掌声鼓励！感谢××先生、××小姐，明智选择，在×××婚纱，现场抢订全家福精美特惠套系，×××婚纱全体工作人员祝福您最爱的人和最爱你的人：幸福美满、平安快乐！恭喜！恭喜！恭喜！恭喜！掌声鼓励！谢谢！谢谢！

情侣类：现场再传喜讯！现场再传喜讯！（敲锣）金锣响起，锣声不断！金锣响起，锣声不断！掌声鼓励！感谢××先生、××小姐，明智选择，在×××婚纱，现场抢订情侣照精美特惠套系，×××婚纱全体工作人员恭祝两位：甜甜蜜蜜、相爱亿万年！恭喜！恭喜！恭喜两位！掌声鼓励！谢谢！谢谢！

小蜜蜂加油稿

小蜜蜂！小蜜蜂！辛苦你们了！加油！加油！第×组、代号×！第×组、代号×！请加油！

小蜜蜂！小蜜蜂！展动你们可爱的小翅膀！辛勤的动起来！第×组、代号×！第X组、代号×！请加油！

小蜜蜂！小蜜蜂！你们的表现非常好！谢谢你们！第×组、代号0！第×组、代号0！谢谢你们！

小蜜蜂！小蜜蜂！为自己所设定的目标加油！奖金在前头，目标在向您招手！加油！加油！

四、积极地推进媒体广告运作

作为婚纱影楼店店长，需要积极地推进媒体广告运作，以便做好门店的推广。

（一）明确目标

如是短时期内推销产品还是树立良好的企业形象，是扩大市场区域还是要提高市场占有率，是极力保护巩固现有市场还是通过向竞争对手发动进攻，进一步抢夺对手的市场……这些问题在影楼的广告策划中必须首先明确，只有这样，制定的广告策略才能有的放矢。

一般来说，广告目标就是影楼希望广告活动所能达到的预期目的。广告目标的确定不是想象的，而应当是建立在对当前市场营销情况的透彻分析的基础上，以本影楼的目标市场、市场定位角色等为决策依据。

在影楼的市场营销中，促销策略是非常重要的。影楼的促销策略主要有广告宣介、店面推广、外出展示、异业联盟四种方式。广告宣传是促销策略的一个重要组成部分，是对其余三种策略的有效支援，而其他三种方式也非常重要，是对媒体广告的一种补充和延伸。

按照影楼广告的目的，影楼广告大致可以分为三类，具体如表4-3所示。

表4-3　影楼广告类别

序号	广告类别	具体说明
1	品牌广告	品牌广告的目的，是通过对本公司品牌的宣传介绍，提高消费者对本公司的认知程度，其中着重要求提高消费者对本公司品牌的记忆度。主要用在新店开张的创牌阶段和开发新市场的拓展阶段
2	备忘广告	此类广告通常是用在影楼的成长期和成熟期，目的在于提醒消费者到本影楼来，不让消费者忘掉我们，巩固已有市场阵地，并在此基础上开发潜在市场。它主要通过连续广告的形式，加深对本影楼的认识，使消费者感觉到我们的存在。广告诉求的重点在于使消费者对本店产生好感和信赖，通常多使用形象口语和关心消费者的语言
3	竞争广告	此类广告目的在于加强本影楼的宣传竞争，提高市场竞争能力。广告诉求重点是本影楼的优异之处，使消费者认知本影楼能给他们带来什么好处，强调客户利益

随手札记

（二）广告发布前要做好企划案及相关的准备工作

企划部的人员每45天为一个周期推出企划案，前30天对前面一段时间的市场调查报告及相关情报，包括上一次企划案的实施结果进行综合分析，作为本次企划的基础依据，后15天将新的企划案推出并实施。企划案应包括以下内容：

(1) 本企划案的核心内容。

(2) 广告发布媒体的权衡与选择，以及费用的预算，并与选定媒体联络，确定交稿日期与发布日期。

(3) 设计制作选定媒体的广告稿，宣传单、店内POP、玻璃贴字稿、条幅等。

(4) 店内陈列及橱窗的设计、布置。

(5) 活动所用物品、赠品的准备与采购。

(6) 如做外展，应提前较多时间联系协办单位，对秀场所需的人员、物品、场地、流程等做出安排，并提前安排广告发布。

(7) 就本次策划的主题、详细内容以及门市说辞向门市人员做详细讲解，使其能够完全理解与记忆。

> **特别提示：**
>
> 如果门店一时不能设计出合适的企划案，可以向有关影楼服务机构购买，或聘请行业专业企划老师进行上门进行指导。

（三）环节配套与注意事项

促销活动是贯穿影楼经营活动始终的，也是影楼日常广告活动的中心，要使广告活动取得较好的效果，各个环节的工作一定要配合到位。不少影楼的店长抱怨广告不起作用，其中原因很多，如企划案的选择、发布媒体的选择、时机的选择等，但具体操作过程中的环节处理是否得当也是广告成败十分重要的问题。

1．环节配套

促销活动的环节配套，具体如表4-4所示。

2．注意事项

店长在做广告时，需要注意事项，具体如表4-5所示。

提升客户的成交量依赖各个部门的协同努力、优良运作达成的。每一环节的因素都影响着业绩指标。广告不是影响成交量的唯一因素，更不可把广告当作提升业绩的唯一手段。

五、及时了解市场行业信息

做好市场调查，行销策划才能有的放矢，企划部人员必须有专人负责。市场调查的内容主要有三方面，具体如表4-6所示。

表4-4　促销活动环节配套

序号	环节类别	具体说明
1	店面、店堂的配合	在每次做促销活动时，要在店堂内和店面周边营造一个热烈的氛围，显示一种活力和热情。如促销主题要在一个橱窗上以火爆形式发布，门前设立条幅、展板，这当然要符合当地城管部门的管理规定。店内也要设立海报、吊旗、彩球来烘托气氛，灯光也要明亮
2	价目册	目前影楼很多的促销活动都是在玩数字、价格游戏，因此在做不同的促销案时，价目册要及时修订和更新，最好用设计精美的彩色价目表。活动一结束，价目表就收缴作废
3	作业表格	与活动直接有关的作业表单，如专用订单、等级表、统计表等都要提前印好，提前发放到门市人员手中，并明确每种表格的用法和填制要求
4	门市人员的说辞	门市人员对本次活动的促销点，也就是对客户的利益点，要有一个流畅、清晰而动听的说辞。对客户有可能提出的咨询或质询都要有足够的准备。在大的原则、关键环节，在全店范围要明确一个统一的概念，必要时要进行统一的学习和训练
5	到期截止的原则	当一个促销活动的截止日期到了以后，要坚决停止此项活动，不可因某些客户的要求而随意延长，一来不便于下一个促销活动的开展，统计与效果评估也不易进行，更重要的是，你说的话成儿戏了，有损公司的可信度和店格
6	最终解释权	在举办各类促销活动时在广告宣传页或海报上，总忘不了加上一句最终解释权问题。不过，千万不能因为有了这句话就不向客户作促销内容的明示，或有意欺瞒客户，这不符合诚信经营的现代企业理念，也不符合法律上的要求。广告务必要切合实际，不要蒙骗消费者
7	样品、赠品等物件的准备与展示	促销活动的内容中，如果有新品推出，那一定要提前准备好，千万不要等客户来了你拿不出样品，否则又是形象问题了。为促销活动准备的赠品、礼品也都要在活动开始前提前准备到位。这些东西都要在店内的适当位置进行专门陈列、展示

随手札记

表4-5　做广告注意事项

序号	事项类别	具体说明
1	要舍得做花钱广告，但没有经过事先精心策划的广告最好不做	店长在做任何事之前，都要有一个周密的计划，广告也不例外。有时一些广告商在发布前几天凑不足版面，以优惠价向你推销，你感觉很便宜就做了。策划不好的广告，再便宜也是浪费。设计一套完整的品牌推广系统促销专案，无论是广告的风格、调性还是设计品位都有很好的保证。一个没有任何品质感的广告，会对影楼的品牌、形象构成不利的影响
2	相信专业的广告策划和广告设计	企划案、广告设计是由企划部整体负责的，其将根据需要和广告发布单位相互配合来完成工作。店长可以给他们建设性的意见，但不要干涉其具体工作。要相信他们，不要让他们迫于权势屈服，广告商也会看在钱的面子上，不敢提出你在判断上的失误，从而导致无效的广告在媒体上发布
3	促销广告也要顾及品牌形象	促销广告的诉求方式、语言风格，要符合我们公司的“性格”。在广告设计中，品牌、LOGO、色系也都要符合公司的CIS企业形象识别系统。影楼产品是文化产品，广告中也要体现出文化气息
4	多种手段的组合运用	每种媒体都有它的自身局限，组合运用则威力无穷。时常见到一些影楼在当地有名的媒体上做了广告，但回应的客户很少。影楼的客户社会层面较为复杂，很难把他们归集到某一个甚至某一类的媒体受众下
5	广告营销是长期战略，要坚持始终	不要把广告当作成交目标。品牌广告不能取得立竿见影的效果，它的影响是长远的。发布促销广告也不见得可以使你立刻大堂爆满，广告的作用，是在不断的积累中逐步取得的。对此，店长应有足够的思想准备，不可以急功近利

表4-6　市场调查的内容

序号	类别	具体说明
1	市场的总体状况	包括主要竞争影楼在做什么促销活动以及实际拍摄人数的调查与评估，一般可以把调查时间定为9：00工作一次，15：00一次，每天两次，每次持续两小时，如果企划部人手不够，可以适当发展一些“外线”人员来做。不必天天做，每周选择两个典型日子，如周三和周六等，有大型促销活动期间要增及次数。回来后详细加以记录，目的是了解市场的总体状况、了解对手的业绩状况以及评估对手的促销效果等
2	对本店的信息反馈进行分析评估	包括日常状况和促销活动期间的状况，根据“客流统计表”中的记录，分析接到单的是哪一类客户，接不到的又是哪一类客户，从中分析原因，并评估促销企划工作
3	对潜在客户进行调查访问	可以采取随机访问的形式或通过媒体（如报纸、网站等）发放调查问卷，主要调查当前客户对本行业的看法、对本影楼的看法，以及对门店的要求和期望等，此类调查宜采用有奖调查方式，激发参与度，此项活动每年可以搞两次

在此，提供几份婚纱影楼店市场调查问卷，仅供读者参考。

【范例08】

××婚纱摄影市场调查表

姓名：	电话：	地址：
您知道××婚纱摄影吗？	□是　□否	
您有朋友在××拍过照片吗？	□是　□否	
您对××的评价	在您的想象或印象中××是一个：	
您对××的建议	您觉得××的服务、质量、装修等方面应该还有哪些改进：	
您朋友有要结婚的话，您愿意推荐他（她）到××吗？ □愿意　□不愿意		
您朋友的电话：		
××婚纱摄影衷心的感谢您的建议，我们会做到更好！		

【范例09】

××婚纱摄影市场调查问卷

您的基本资料：

姓名：______ 性别：______ 年龄：______ 联系方式：______

问题：

1. 如果大家对该影楼的网评不好，会影响您对其的选择吗？（ ）
A. 会 B. 不会

2. 赠品里面您最希望得到什么礼品？（ ）
A. 所有拍摄照片 B. 时尚饰品 C. 结婚礼服
D. 特价结婚对戒 E. 特价蜜月旅行 F. 超大喷绘照片

3. 如果结婚，您会去影楼拍摄婚纱照吗？（ ）
A. 肯定去 B. 没兴趣，坚决不去 C. 有可能去，看对方

4. 如果去拍摄您最关心什么？（可多选）（ ）
A. 贴心服务 B. 合理价格 C. 造型服装
D. 拍摄技术与环境 E. 赠品

5. 您所知道的3～4个影楼品牌
A. ____________ B. ____________
C. ____________ D. ____________

6. 您觉得花多少钱拍摄婚纱照最为合理？（ ）
A. 2000以下 B. 2000～3000
C. 3000～5000 D. 5000以上

7. 您进行过奢侈品消费吗？（ ）
A. 有 B. 没有 C. 什么是奢侈品

8. 您喜欢的摄影方式。（ ）
A. 传统式 B. 主题式 C. 旅游式摄影

9. 您喜欢什么样风格的婚纱摄影？（ ）
A. 唯美 B. 另类 C. 浪漫
D. 古典 E. 其他

10. 会促使您选择一家拍婚纱照的因素是（ ）。
A. 价位 B. 品牌 C. 拍摄风格
D. 服装 E. 摄影技术 F. 外景
G. 服务 H. 化妆 I. 其他

11. 您偏爱的婚纱颜色是（ ）。
A. 纯白 B. 珍珠白 C. 珍珠黄
D. 淡黄 E. 彩色 F. 其他颜色

12. 您选择婚纱注重品牌吗？（ ）
A. 只要好看品牌无所谓
B. 结婚是人生大事，品牌当然重要，价格高点也没关系
C. 有品牌价格适中的最好

13. 您钟爱的婚纱款式。（ ）
A. 只要适合自己是不是流行款都无所谓
B. 款式一定要是本季度流行款
C. 我更向往设计师为我量身设计，尽管价格贵了些

14. 您是否听说过××视觉摄影（ ）
A. 不熟悉 B. 有朋友在那拍过
C. 在网上看到过，但是没有在那拍过
D. 在我印象中比较出名

15. 如果您想拍婚纱照，您会怎样获取方式？（ ）
A. 网络查询 B. 朋友推荐 C. 看户外信息广告

【范例10】

××婚纱影楼调查问卷

亲爱的朋友，您好！为了创作出更加优秀、更加时尚的摄影作品，我们特此进行××摄影需求调查活动，请您花费2分钟的宝贵时间，帮我们如实填写以下几个问题。

在填完本次问卷后，您可以到店领取一份精美礼品。再次对您的配合深表感谢！请您在符合你真实意愿的选项前打“√”。

1. 假如您去拍摄影婚纱照，您会选择的价位是？
   A. 1000～2000元　　B. 2000～4000元
   C. 4000～6000元　　D. 6000元以上
2. 假如您去摄影婚纱照，您最喜欢的拍摄风格是？
   A. 清纯可爱　　B. 另类个性
   C. 怀旧复古　　D. 异域风情
3. 假如您去拍摄婚纱照，您最关注那些方面？
   A. 价格摄影　　B. 技术摄影
   C. 理念服务及环境
4. 如果您去拍摄婚纱照会选择什么时间？
   A. 生日　　B. 节假日
   C. 纪念日　　D. 无所谓
5. 如果有兴趣去拍一套婚纱照，您希望得到哪种类型的赠品？
   A. 相框　　B. 海报
   C. 小像卡　　D. 水晶饰品
6. 如果没有拍摄婚纱照的计划，请问原因在哪里？
   A. 没兴趣　　B. 没到时间
   C. 价格不合理　　D. 觉得本地技术水平有限
7. 哪种宣传活动最能吸引您去影楼拍摄婚纱照？
   A. 优惠活动　　B. 传单
   C. 海报　　D. 展台宣传
8. 如果影楼开设网站，您希望影楼网站开设什么服务？
   A. 影楼简介　　B. 促销活动宣传
   C. 优秀作品展示　　D. 论坛服务
   E. 自由处理上传照片
9. 您是否可以接受上传照片修改后收费的新型模式？
   A. 无法接受　　B. 可以接受，但是价格要适当
   C. 接受价格随意
10. 您更喜欢影楼何种论坛形式？（可多选）
   A. 会员制论坛　　B. 摄影问题有网友回答
   C. 猫扑天涯论坛模式
   D. 论坛管理员提问题，网友共同讨论
   E.有奖问答

您的姓名：________　　联系方式（手机）：________

QQ号：________　　E-MAIL：________

【范例11】

××市婚纱影楼调查表

调查日期：

区域及其区域内影楼密度	影楼名称及地址	店龄	店内从业人数	主要服务对象及服务范围	负责人	负责人联系方式	产品热卖套系销售情况				摄影师薪资待遇		影楼是否处于商圈，有的要描述规模	设备情况（有无/好中差）		影楼综合实力评定
							0～1000元	1000～3000元	3000～5000元	5000元以上	资深	普通		摄影设备	摄像设备	

店长应要求企划人员每周的周一，对上周的市场调查情况写出书面的总结报告，对市场总体状况和工作做评估，对竞争对手做活动的效果也要做一下分析，这些资料对以后的策划活动有着重要的参考意义。最后由店长做以下三个方面的结论性总结：

（1）我们哪些方面做得比较好，哪些方面比较差？

（2）主要竞争对手做对了什么，做错了什么。

（3）我们怎样才能做得更好？分析这些情况时一定要头脑冷静、实事求是地进行分析，一定要客观，才能使我们真正找到超越对手的方法。

六、如何让婚纱影楼淡季不淡

每年的五一、十一、春节，影楼迎来了客流高峰，三四月和七八月又面对门可罗雀。淡季，成了店长不愿提及却又无法回避的现实。影楼的淡季在很多人看来是无法避免的，所以也不太重视淡季市场，认为只要淡季亏得不是太厉害，就认为没有什么了不起，旺季里一个月就能赶过来。因为有这种思想，很多人差不多放弃了淡季市场。其实，只要想办法，就没有一成不变的市场，淡季也是相对的。店长要把淡季所表现的原因展示出来，然后把这种原因融合在企业所制定的营销策略上，以来达到两者合一的目的。

（一）影楼淡季的原因分析

影楼淡季之所以淡，主要包括主观原因和非主观原因。其主观原因就是客观存在的销售吸收能力，也就是消费能力不够，消费者购买能力出现问题。不过大部分原因是非主观的，非主观原因形成的淡季容量非常大，具体如表4-7所示。

随手札记

表4-7　影楼淡季的非主观原因

序号	原因类别	具体说明
1	行业季节的影响	虽说因地域不同，南北方淡季的时间会不同，但总体来说淡季占有全年时间的一半甚至更多。一般每年的三、四、六、七、八、九、十一等月生意一般不会很好，相反的每年的元旦、春节前后、五一、十一等季节影楼生意最红火
2	区域消费观念和风俗习惯的影响	这主要是指结婚时间对影楼的影响，一般地，城市居民结婚时间的选择对影楼的生意会产生很大的影响，城市居民选择结婚时间倾向于五一节、国庆节、元旦、春节等节假日。农村居民结婚时间一般也会选择在秋冬农闲时间，尤其是选择农历12月份，即腊月。因此这段时间，影楼的生意基本都很火爆过了这一时期，影楼就进入了淡季
3	影楼自身的影响	淡季，成了店长不愿提及却又无法回避的现实。在许多店长看来它是无法避免的，再加上为了渡过难关，一些影楼纷纷使出裁员、减薪、套系降价等昏招，也能支撑下去，因此也不太重视淡季市场。因为有这种思想，很多人差不多放弃了淡季市场。这就造成了淡季更淡。其实这样可能带来的负面效应，会对旺季带来的影响，旺季也不会太旺。此外，企业自身的管理出现的问题，如策划缺少动力、转变消费者传统消费观念速度缓慢、促销力度下降等多方面原因，也造成了影楼淡季的出现

（二）影楼淡季营销策略

店长在淡季应该如何做好营销推广呢？具体而言，淡季营销策略如图4-1所示。

1．产品和服务创新

在淡季，店长可以通过产品创新来引导消费需求，具体如表4-8所示。

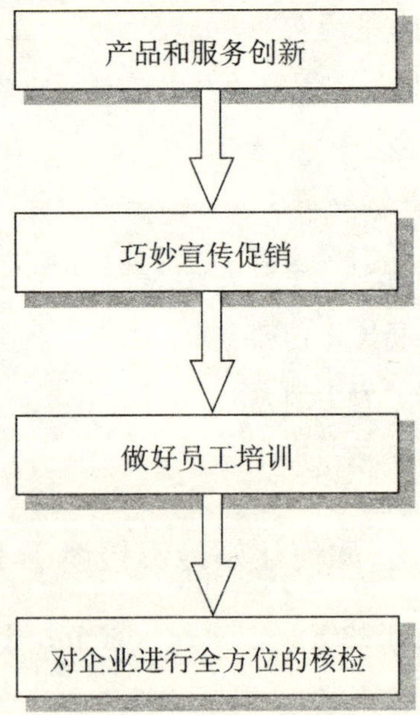

图4-1　淡季营销策略

表4-8　产品和服务创新

序号	类别	具体说明
1	有效的市场细分和定位，延长产品线	现在的影楼业务大多只是限定在婚纱摄影上，影楼提供的技术也只是传统的服务。如按人口细分，把市场分为年轻人、儿童、中年人、老年人等市场。在旺季，年轻人结婚较多，可以推出结婚照；在淡季，针对儿童可以推出“宝宝照”、“儿童写真”等。针对中年，可以推出“结婚十周年”“二十周年”“全家福”等系列。老年人也开始讲究金婚、银婚纪念，也可推出相应的产品和服务
2	实行一条龙产品的服务	在影楼客户中对钻石饰品消费的潜在力是商场等其他商业领域不可比拟的。一些影楼可以与品牌珠宝商联手，利用钻石的独特魅力来提升自身的层次和品位来增加自己的竞争优势，促进自身的销售量，同时还可充分借助自己的销售店面平台和客户资源优势，进一步挖掘的客户的消费潜力，增加影楼的第二产业收入，为自己带来丰厚的利润回报
3	利用淡季时间开发潜在客户	淡季的客流量只是相对减少，实际拍摄的客户不多，但是并不等于没有，而这时开发潜在的客户不正是为旺季的更旺做很好的铺垫吗？比如淡季店长可以在人流最大、热闹的地方很有针对性的办一些展示影楼形象魅力特色、建立影楼知名度的小型现场秀来吸引消费者

2．巧妙宣传促销

淡季淡的主要原因是没有进行很好的宣传和促销。店长在促销时，要分清促销的对象和重点，需要细分淡季，巧造热点。如异业联盟、做“秀”接单、幸运抽奖、隐性促销等。

3．做好员工的培训

要想让影楼很好地发展，那就必须让

随手札记

所有的员工都能胜任工作，并且要让其不断地学习深造，才能使得他们永远跟上市场的步伐，永远不与时代脱节，影楼也才不至于被市场和时代所淘汰。由于旺季所有的人都很忙，几乎没有时间去让员工接受再培训，而淡季正是好时候。店长在淡季时，应根据下一个阶段营销计划的需要调整营销人员，并对所有的人员进行各种层次的培训。

4．对企业进行全方位的核检

看看影楼的形象、品牌的定位与传播是否有偏差，现有的产品线是否符合市场的消费需求；淡季促销活动的计划是否符合了企业整体的战略中心思想，营销资源是否合理配置；营销团队的战斗力如何等。与此同时，店长应对上一个旺季的营销工作做全面总结，找出不足之处，对影楼人员以及合作商作出评估，并制订出下一个旺季的改进计划和营销计划。

七、配合编制员工职阶职级与人事考评

作为店长，需要配合人力资源部编制员工职阶职级与人事考评，定期从技术和工作表现上作出评定，作为员工升级和加薪的评定依据，亦可对员工降级和减薪的评定标准。

考核时间，可以是经每月度考评、得出季度、半年度、年度考核结果，具体根据岗位不同而进行定级。考核项目可以根据岗位不同而定（理论、实作、平时表现考核）。

在此，提供一份婚纱影楼店人事考评与职称职级评定办法以及几份员工工作表现考评表，仅供读者参考。

八、如何受理员工离职

任何公司都会有员工离职，婚纱影楼店也不能避免。当有员工提出离职时，店长应仔细分析员工离职原因，并采取措施，降低员工离职率。

（一）员工离职原因及应对措施

1．分析员工离职原因

一般来说，员工离职原因有以下几种：

（1）有的高素质员工为了实现自身的价值，谋求发展而跳槽。

（2）为了寻求更高的薪酬收入而跳槽。

（3）房地产经纪人压力较大，人员流动性较大。

2．降低员工流失措施

为了更好地留住员工，店长可采取以下措施：

（1）物质激励措施。比如，给员工支付较高工资，改善员工福利待遇等。

（2）精神激励措施。比如，诚心诚意留用员工，强化情感投入，充分授权以满足员工干事业的需要等。

【范例12】

××婚纱影楼店人事考评与职称职级评定办法

考核人员		考核频率	考核办法	考核人	考核表	职级提升
基层员工	摄影助理	1次/3个月	理论考试25%	摄影总监		90分以上者职级升三级 75～90分以上职级升二级 60～75者职级不升不降 60分以下者降一级
			实作考试25%	摄影总监		
			工作表现50%	摄影主管/店经理	摄影助理考评表	
	摄影师	1次/半年	实作考试50%	摄影总监		
			工作表现50%	摄影主管/店经理	摄影师考评表	
	化妆助理	1次/3个月	理论考试25%	化妆总监		
			实作考试25%	化妆总监		
			工作表现50%	化妆主管/店经理	化妆助理考评表	
	化妆师	1次/半年	实作考试50%	化妆总监		
			工作表现50%	化妆主管/店经理	化妆师考评表	
	接单门市	1次/3个月	工作表现100%	主管/经理	接单门市考评表	
	看样门市	1次/3个月	工作表现100%	主管/经理	参考上	
	取件门市	1次/3个月	工作表现100%	主管/经理	参考上	
中层员工	摄影主管	1次/半年	工作表现100%	总监/经理	摄影主管考评表	
	化妆主管	1次/半年	工作表现100%	总监/经理	化妆主管考评表	
	门市主管	1次/半年	工作表现100%	营业经理	门市主管考评表	
	行政人员	1次/半年	工作表现100%	人事总监	行政人员考评表	
高层员工	副经理级以上干部	1次/年	工作表现100%	总经理	行政人员考评表	

【范例13】

摄影助理考评表

<table>
<tr><th rowspan="2">项目</th><th colspan="5">成绩等级</th></tr>
<tr><th>5</th><th>4</th><th>3</th><th>2</th><th>1</th></tr>
<tr><td rowspan="2">摄影品质</td><td colspan="5">考核摄影助理在平常训练时的摄影质量</td></tr>
<tr><td>照片质量每部分都非常稳定。很多时有优越创新作品。基本技巧都能把握从容</td><td>照片质量普遍稳定，但缺乏优越作品，属于模仿性，没有什么创意。基本技巧欠成熟</td><td>照片质量尚算稳定，都属于模仿性，缺乏创意。基本技巧仍需培训和指导</td><td>照片质量不稳定，有部分技巧未有把握好，需要不断培训和指导</td><td>照片质量绝大部分不过关，需要重新培训和指导</td></tr>
<tr><td rowspan="2">速度</td><td colspan="5">考核摄影助理在平常训练时的摄影速度，美姿组合和灯火要求</td></tr>
<tr><td>拍摄速度特快，经常超出其他摄影助理且对规定的技术要求都能达到</td><td>拍摄速度很快且对规定的技术要求都能达到</td><td>拍摄速度普通。对规定的技术要求时有出现差异</td><td>拍摄速度稍慢。对规定的技术要求经常有出现差异</td><td>拍摄速度缓慢，有时需别人帮忙。对规定的技术要求错误百出</td></tr>
<tr><td rowspan="2">协调性</td><td colspan="5">考核摄影助理是否对上司服从命令，人际关系好坏，在集体共同合作中，具相互帮助和支持</td></tr>
<tr><td>对上司绝对服从，与同事的人际关系维持良好。对集体的合作关系做出贡献</td><td>对上司基本服从，与同事和上司都能协调，从未有过摩擦</td><td>尚能与上司和同事协调，不过并不是心悦诚服的协调</td><td>表面上虽然还能协调，但是说话不投机时，就会在背后抱怨</td><td>损人利己，与上司和同事都相处不好</td></tr>
<tr><td rowspan="2">积极性</td><td colspan="5">考核是否无需具体命令和指示，在完成工作之余，为增强自身的才干，自觉开发新技巧，接受新知识，并自觉地帮助他人改进工作</td></tr>
<tr><td>工作态度积极，具有自觉增加工作量和提高工作质量的表现并能自觉的帮助他人</td><td>工作态度积极，能配合上司要求增加工作量和提高工作质量并能自觉的帮助他人</td><td>日常的工作不拖延，交给他办的事都能如期完成。除了给他额外的工作</td><td>需要努力的工作总是显得没有情绪，厌倦，得过且过</td><td>缺乏积极性，要他做的事总是推三推四不想做</td></tr>
</table>

（续表）

项目	成绩等级				
	5	4	3	2	1
服务态度	考核能否与客户搞好气氛，能细心照客户人				
	工作中经常能笑容满面，精神高昂，处处关心和照客户人。能积极地协助摄影师调动气氛	工作中经常能笑容满面，精神高昂，尚能关心和照客户人。能积极地协助摄影师调动气氛	工作中对客户的照顾和关心会因忙碌时而稍有忽略。能经常协助摄影师调动气氛	工作中需要指点才会去关心和照客户人。影棚内没有主动协助摄影师调动气氛，主要是缺乏经验	不太愿意照顾和关心客户，或粗心大意。在影棚内并没有主动协助摄影师调动气氛，主要是不知道应做什么事情
责任性	考核是否勇于对自己的行为及后果负责，改正和弥补				
	主动承担有关责任，并实时主动解决改正和弥补	主动承担，只愿承担分内的责任，能主动改正和弥补	稍欠责任感，只愿承担分内的责任	责任感不足，只先为自己找借口，又未能改正，弥补	逃避责任，什么都是表现出不知不清
学习态度	考核是否能对自己本身知能的不足，积极去看书，不需要求能在工余时间自我训练，经常请教上司的指导。对公司所提供的培训和考核积极参与而且能拿好成绩，没有浪费公司投资				
	积极主动，不需提点。培训和考核能拿优成绩	尚能经常主动。培训和考核能拿到良好成绩	只积极参与公司或上司提供的培训，考核能拿好成绩但未能在工余时间做到自我训练	只积极参与公司或上司提供的培训考核只能达到合格	不积极向上司讨教，对公司提供的培训和考核只能参与
考勤奖罚	（1）迟到每次扣除1分　（2）早退每次扣除1分　（3）病假每天扣除0.5分 （4）事假每天扣除0.5分　（5）旷职每次扣除5分　（6）小过每次扣除3分 （7）大过每次扣除8分　（8）嘉奖每次加8分　（9）小功每次加3分				备注：从10分起减或加计算

（续表）

项目	成绩等级														
	5			4			3			2			1		
主管评分（摄影主管/摄影总监）															
序号	考核项目	7月	8月	9月	10月	11月	12月	1月	2月	3月	4月	5月	6月	×重要分	平均得分
1	摄影品质													4	
2	速度													2	
3	协调性													2	
4	积极性													2	
5	服务态度													2	
6	责任性													2	
7	学习态度													4	
8	考勤奖罚														
评核总分															
占总考核分															

备注：此表由评分主管按时评分完毕后，交至人力资源部，由人力资源部进行最后审核并完成人事考评报告。

【范例14】

摄影师考评表

项目	成绩等级				
	5	4	3	2	1
摄影品质	考核摄影师在平常拍客户时的摄影质量，可从公司的内部态片率和客户的反映出水平				
	个人加选率在55%以上，照片质量非常稳定，重拍率低于0.5%，客户毫无怨言	个人加选率在50%以上，照片质量非常稳定，重拍率低于1%，客户毫无怨言	个人加选率在45%以上。照片质量不稳定，重拍率低于1.5%，客户偶有怨言	个人加选率在40%以上。照片质量不稳定，重拍率低于2%，客户偶有不满	个人加选率在40%以下，照片质量不稳定，重拍率大于2%，客户经常不满
速度和准确度	考核摄影师平常拍客户时的摄影速度，美姿组合要求和规定拍摄张数的准确度				
	拍摄速度特快，经常超出其他摄影师。对规定的拍摄张数和美姿组合都能达到要求	拍摄速度很快，比其他摄影师有效率。对规定的拍摄张数和美姿组合多能达到要求	拍摄速度普通。对规定的拍摄张数和美姿组合时有出现差异	拍摄速度稍慢。对规定的拍摄张数和美姿组合经常有出现差异	拍摄速度缓慢，有时需别人帮忙。对规定的拍摄张数和美姿组合错误百出
创新与改善	考核是否有提供创新的摄影作品，布景，摄影技巧，工作制度				
	能不断研究开发新构思，新方案或新技能，改进质量和效率且有效显著	经常能提出新构思，新方案或新技能，改进质量和效率，而且有成效	尚能提出新构思，新方案或新技能来改进质量和效率，且具有一些成效	行事墨守成规，无法提出新方案，新技能来改进质量和效率	对于现行的工作不但没有新构思，反而对现状抗拒改进
协调性	考核摄影师是否对上司服从命令，人际关系好坏，在集体共同合作中，具相互帮助和支持				
	对上司绝对服从，与同事的人际关系维持良好。对集体的合作关系做出贡献	对上司基本服从，与同事和上司都能协调，从未有过摩擦	尚能与上司和同事协调，不过并不是心悦诚服的协调	表面上虽然还能协调，但是说话不投机时，就会在背后抱怨	损人利己，与上司和同事都相处不好

（续表）

项目	成绩等级				
	5	4	3	2	1
积极性	考核是否无需具体命令和指示，在完成工作之余，为增强自身的才干，自觉开发新技巧，接受新知识，并自觉地帮助他人改进工作				
	工作态度积极，具有自觉增加工作量和提高工作质量的表现。并能自觉的帮助他人	工作态度积极，能配合上司要求增加工作量和提高工作质量。并能自觉的帮助他人	日常的工作不拖延，交给他办的事都能如期完成。除了给他额外的工作	需要努力的工作总是显得没有情绪，厌倦，得过且过	缺乏积极性，要他做的事总是推三推四不想做
服务态度	考核与客户的沟通协调能力，拍摄气氛调节及客户的满意度				
	与客户有充分沟通，按照客户意愿拍摄，从不争执，工作中能笑容满面，精神高昂，处处照顾，拍摄气氛能积极地调节，客户反应很好	与客户有充分沟通，按照客户意愿拍摄，从不争执，工作中对客户表现会因忙碌时而忽略。拍摄气氛经常能主动调节，客户反应好	与客户有规定式的沟通，按规定式的拍摄，工作中的态度要求表现偶有佳作，拍摄气氛需要助理帮忙调动	与客户沟通敷衍了事。拍摄轻松气氛未能经常调动起来，自身表现严肃。客户反应一般	不太愿意与客户进行沟通，得过且过。拍摄气氛很沉闷，自身表现没有情绪，也没有办法去调节工作气氛。与客户发生过争执
责任性	考核是否勇于对自己的行为及后果负责，改正和弥补				
	主动承担有关责任，并实时主动解决改正和弥补	主动承担，只愿承担分内的责任，能主动改正和弥补	稍欠责任感，只愿承担分内的责任	责任感不足，只先为自己找借口，又未能改正，弥补	逃避责任，什么都是表现出不知不清
学习态度	考核是否能对自己本身的智能之不足，积极去看书，不需要求能在空余时间自我训练，经常请教上司的指导。对公司所提供的培训和考核积极参与而且能拿好成绩，没有浪费公司投资				
	积极主动，不需提点，在空余时间经常作自我训练。培训和考核都能拿到优异成绩	尚能经常主动。培训和考核能拿到良好成绩	只积极参与公司或上司提供的培训，考核能拿好成绩。但未能在空余时间做到自我训练	只积极参与公司或上司提供的培训，考核只能达到合格	不积极向上司讨教。对公司提供的培训和考核只能参与，但成绩不合格

（续表）

项目	成绩等级				
	5	4	3	2	1
考勤奖罚	（1）迟到每次扣除1分 （4）事假每天扣除0.5分 （7）大过每次扣除8分	（2）早退每次扣除1分 （5）旷职每次扣除5分 （8）嘉奖每次加8分	（3）病假每天扣除0.5分 （6）小过每次扣除3分 （9）小功每次加3分		备注：从10分起减或加计算

主管评分（摄影主管/摄影总监）															
序号	考核项目	7月	8月	9月	10月	11月	12月	1月	2月	3月	4月	5月	6月	×重要分	平均得分
1	领导能力												3	4	
2	业绩表现												3	2	
3	解难能力												3	2	
4	沟通协调												2	2	
5	费用控制												3	2	
6	培训下属												2	2	
7	积极性												2	4	
8	考勤奖罚														
评核总分															
占总考核分															

备注：此表由评分主管按时评分完毕后，交至人力资源部，由人力资源部进行最后审核并完成人事考评报告。

【范例15】

摄影主管考评表

项目	成绩等级				
	5	4	3	2	0
领导能力	考核主管人员是否能塑造一个良好的工作气氛，使下属听其指挥，教导之下对工作产生热诚，并激发下属的潜能，使有效完成工作要求。而且使下属乐于工作，安于其位，减少抱怨，保持士气				
	积极激励下属完成工作要求，并能使下属乐于接受指挥毫无抱怨的安于其位	经常激励下属完成指定工作要求并能使大多数下属乐于接受指挥，甚少抱怨的安于工作	大致上能激励下属完成指定工作要求，并使下属接受指挥，但偶有抱怨或不安于其位情形	偶然能激励下属完成指定工作要求，但只有少数下属能接受指挥并时有抱怨或不安于其位	无法激励下属完成指定工作要求，甚至对立，而下属纷纷抱怨，甚至离职
摄影品质	考核摄影部主管在平常拍客户时的摄影质量，这可从公司的内部态片率和客户的反映出水平				
	部门加选率在55%以上，照片质量非常稳定，重拍率低于0.5%，客户毫无怨言	部门加选率在50%以上，照片质量非常稳定，重拍率低于1%，客户毫无怨言	部门加选率在45%以上，照片质量不稳定，重拍率低于1.5%，客户偶有怨言	部门加选率在40%以上，照片质量不稳定，重拍率低于2%，客户偶有不满	部门加选率在40%以下，照片质量不稳定，重拍率大于2%，客户经常不满
速度和准确度	考核摄影部主管在平常拍客户时的摄影速度，美姿组合要求和规定拍摄张数的准确度				
	拍摄速度特快，经常超出其他摄影师。对规定之拍摄张数和美姿组合都能达到要求	拍摄速度很快，比其他摄影师有效率。对规定的拍摄张数和美姿组合大多能达到要求	拍摄速度普通。对规定的拍摄张数和美姿组合时有出现差异	拍摄速度稍慢。对规定之拍摄张数和美姿组合经常有出现差异	拍摄速度缓慢，有时需别人帮忙。对规定之拍摄张数和美姿组合错误百出
沟通与协调	考核摄影部主管是否有效与上司和下属及其他部门沟通或协调，进行信息的传达与交流，使公司的政策能达成共识				
	凡事积极主动的与上司和下属及其他部门员工沟通或协调，且都能彼此了解和建立共识	经常主动与上司和下属及其他部门员工沟通或协调且大多数能彼此了解和建立共识	尚能主动与上司和下属及其他部门员工沟通或协调且尚能彼此了解和建立共识	尚能与上司和下属及其他部门员工沟通或协调，被此了解信息有误差，故未能建立共识	需由上司指令才会与下属和其他部门沟通或协调，被此对信息了解有误差，故无法达共识

（续表）

<table>
<tr><th rowspan="2">项目</th><th colspan="5">成绩等级</th></tr>
<tr><th>5</th><th>4</th><th>3</th><th>2</th><th>0</th></tr>
<tr><td rowspan="2">成本控制</td><td colspan="5">考核摄影部主管对成本的了解，能按公司的费用指针办事，有没有降低成本的能力</td></tr>
<tr><td>有效利用公司所提供的部门费用指针来完成计划，且经常积极主动地去降低费用</td><td>有效利用公司所提供的部门费用指针来完成计划，但需在上司指导下去降低费用</td><td>能利用公司所提供的部门费用指针来完成计划，但未能有效地的降低费用</td><td>公司所指定的部门费用指针，未能控制且超标，需要上司的指导与监管</td><td>公司所指定的部门费用指针，超标且无法控制，需要上司代替管理</td></tr>
<tr><td rowspan="2">创新与改善</td><td colspan="5">考核是否有提供创新的摄影作品、布景、摄影技巧、工作制度</td></tr>
<tr><td>能不断研究开发新构思，新方案或新技能，改进质量和效率且有效显著</td><td>经常能提出新构思，新方案或新技能，改进质量和效率，而且有成效</td><td>尚能提出新构思，新方案或新技能来改进质量和效率，且具有一些成效</td><td>行事墨守成规，无法提出新方案，新技能来改进质量和效率</td><td>对于现行的工作不但没有新构思，反而对现状抗拒改进</td></tr>
<tr><td rowspan="2">培训部属</td><td colspan="5">考核是否能针对下属知能的不足，加以适当之指导与培训，且能配合公司及个人的所需，针对下属特性及专长，于以必要的培训，以符合公司长期发展之所需</td></tr>
<tr><td>积极主动的针对公司发展及下属需求给予必要的培训</td><td>针对公司发展及下属需求经常给予必要的培训</td><td>针对公司发展及下属需求尚能给予必要的培训</td><td>针对公司发展及下属需求只给予有限的培训</td><td>从未针对公司发展及下属之需求给予培训</td></tr>
<tr><td rowspan="2">积极性</td><td colspan="5">考核是否无需具体命令和指示，在完成工作之余，为增强自身的才干，自觉开发新技巧，接受新知识，并自觉地帮助他人改进工作</td></tr>
<tr><td>工作态度积极，具有自觉增加工作量和提高工作质量的表现。并能自觉的帮助他人</td><td>工作态度积极，能配合上司要求增加工作量和提高工作质量。并能自觉的帮助他人</td><td>日常的工作不拖延，交给他办的事都能如期完成。除了给他额外的工作</td><td>需要努力的工作总是显得没有情绪，厌倦，得过且过</td><td>缺乏积极性，要他做的事总是推三推四不想做</td></tr>
</table>

（续表）

项目	成绩等级				
	5	4	3	2	1
考勤奖罚	（1）迟到每次扣除1分 （4）事假每天扣除0.5分 （7）大过每次扣除8分	（2）早退每次扣除1分 （5）旷职每次扣除5分 （8）嘉奖每次加8分	（3）病假每天扣除0.5分 （6）小过每次扣除3分 （9）小功每次加3分		备注：从10分起减或加计算

主管评分（摄影总监/营业部经理）

序号	评核项目	7月	8月	9月	10月	11月	12月	1月	2月	3月	4月	5月	6月	×重要分	平均得分
1	领导能力												4		
2	摄影品质												2		
3	沟通与协调												2		
4	速度准确度												2		
5	成本控制												2		
6	创新与改善												2		
7	培训下属												4		
8	积极性												2		
9	考勤奖罚														
工作表现评核总分															
占总考核分															

备注：此表由评分主管按时评分完毕后，交至人力资源部，由人力资源部进行最后审核并完成人事考评报告。

【范例 16】

化妆助理考评表

<table>
<tr><th rowspan="2">项目</th><th colspan="5">成绩等级</th></tr>
<tr><th>5</th><th>4</th><th>3</th><th>2</th><th>1</th></tr>
<tr><td rowspan="2">形设品质</td><td colspan="5">考核化妆助理在平常训练时的化妆造型质量</td></tr>
<tr><td>化妆造型质量每部分都非常稳定。很多时有优越创新，基本技巧都能把握从容</td><td>化妆造型质量普遍稳定，但缺乏创意，属于模仿性。基本技巧欠成熟</td><td>化妆造型质量尚算稳定，都属于模仿型，缺乏创意。基本技巧仍需培训和指导</td><td>质量不稳定，有部分技巧未有把握好，需要不断培训和指导</td><td>质量绝大部分不过关，只能做几种造型，需要重新培训和指导</td></tr>
<tr><td rowspan="2">速度</td><td colspan="5">考核化妆助理在平常训练时的化妆造型速度</td></tr>
<tr><td>化妆造型速度特快，经常超出标准，且对规定的技术要求都能达到</td><td>化妆造型速度很快，都能在标准内，对规定的技术要求都能达到</td><td>速度普通，时快时慢，对规定的技术要求时有出现差异</td><td>速度比标准稍慢。对规定的技术要求常有出现差异</td><td>速度缓慢，有时需别人帮忙</td></tr>
<tr><td rowspan="2">协调性</td><td colspan="5">考核化妆助理是否对上司服从命令，人际关系好坏，在集体共同合作中，具相互帮助和支持</td></tr>
<tr><td>对上司绝对服从，与同事的人际关系维持良好。对集体的合作关系作出贡献</td><td>对上司基本服从，与同事和上司都能协调，从未有过摩擦</td><td>尚能与上司和同事协调，不过并不是心悦诚服的协调</td><td>表面上虽然还能协调，但是说话不投机时，就会在背后抱怨</td><td>损人利己，与上司和同事都相处不好</td></tr>
</table>

（续表）

项目	成绩等级				
	5	4	3	2	1
积极性	考核是否无需具体命令和指示，在完成工作之余，为增强自身的才干，自觉开发新技巧，接受新知识，并自觉地帮助他人改进工作				
	工作态度积极，具有自觉增加工作量和提高工作质量的表现。并能自觉的帮助他人	工作态度积极，能配合上司要求增加工作量和提高工作质量并能自觉的帮助他人	日常的工作不拖延，交给他办的事都能如期完成。除了给他额外的工作	需要努力的工作总是显得没有情绪，厌倦，得过且过	缺乏积极性，要他做的事总是推三推四不想做
服务态度	考核化妆助理对客户的照顾程度				
	工作中经常能笑容满面，精神高昂，处处关心和照客户。工作时都能积极地调动气氛	工作中经常能笑容满面，精神高昂，尚能关心和照顾客户	工作中对客户的照顾和关心会因忙碌时而稍有忽略	工作中需要指点才会去关心和照顾客户，主要是缺乏经验	不太愿意照顾和关心客户，或粗心大意。主要是不知道应做什么事情
责任性	考核是否勇于对自己的行为及后果负责，改正和弥补				
	主动承担有关责任，并实时主动解决改正和弥补	主动承担，只愿承担分内的责任，能主动改正和弥补	稍欠责任感，只愿承担分内的责任	责任感不足，只先为自己找借口，又未能改正，弥补	逃避责任，什么都是表现出不知不清
学习态度	考核是否能对自己本身智能的不足，积极去看书，不需要求能在空余时间自我训练，经常请教上司的指导。对公司所提供的培训和考核积极参与而且能拿好成绩，没有浪费公司投资				
	积极主动，不需提点，在空余时间经常作自我训练。培训和考核都能拿到优异成绩	尚能经常主动。培训和考核能拿到良好成绩	只积极参与公司或上司提供的培训，考核能拿好成绩。但未能在空余时间做到自我训练	只积极参与公司或上司提供的培训，考核只能达到合格	不积极向上司讨教。对公司提供的培训和考核只能参与，但成绩不合格

（续表）

项目	成绩等级				
	5	4	3	2	1
考勤奖罚	（1）迟到每次扣除1分 （4）事假每天扣除0.5分 （7）大过每次扣除8分	（2）早退每次扣除1分 （5）旷职每次扣除5分 （8）嘉奖每次加8分	（3）病假每天扣除0.5分 （6）小过每次扣除3分 （9）小功每次加3分		备注：从10分起减或加计算

主管评分（型设主管/型设总监）

序号	评核项目	7月	8月	9月	10月	11月	12月	1月	2月	3月	4月	5月	6月	×重要分	平均得分
1	形设品质												4		
2	速　度												2		
3	创新改善												4		
4	协调性												2		
5	积极性												2		
6	服务态度												2		
7	学习态度												2		
8	考勤奖罚														
工作表现评核总分															
占总考核分															

备注：此表由评分主管按时评分完毕后，交至人力资源部，由人力资源部进行最后审核并完成人事考评报告。

【范例17】

化妆造型师考评表

<table>
<tr><th rowspan="2">项目</th><th colspan="5">成绩等级</th></tr>
<tr><th>5</th><th>4</th><th>3</th><th>2</th><th>1</th></tr>
<tr><td rowspan="2">形设品质</td><td colspan="5">考核化妆造型师在平常跟客户做整体造型时的质量，这可从公司的内部选片时和客户的反应来定出水平</td></tr>
<tr><td>化妆造型的质量长期保持非常稳定，客户和员工反应都是非常出众，而且没有出现客户要求重做和重拍</td><td>化妆造型的质量能保持稳定，没有引起重做和重拍情况。客户和员工反应品质良好</td><td>客户和员工反应品质只是较好，偶有客户或摄影师要求重做，但没有客户要求重拍</td><td>化妆造型的质量不稳定，客户有抱怨，偶有出现重拍</td><td>化妆造型的质量不稳定，时好时坏，差别很大，曾多次出现客户要求重拍</td></tr>
<tr><td rowspan="2">速度</td><td colspan="5">考核化妆造型师在平常跟客户做化妆造型时的速度</td></tr>
<tr><td>化妆造型速度都特别快，经常超出其他化妆造型师，但品质仍较好没有任何怨言</td><td>速度经常比标准快，有效率但品质较好没有出问题</td><td>速度普通达到标准要求，品质仍较好</td><td>速度比标准稍慢。需要督促才可达标</td><td>速度缓慢，有时需别人帮忙</td></tr>
<tr><td rowspan="2">创新与改善</td><td colspan="5">考核是否有提供创新的美容造型，技巧，道具，服装，工作制度</td></tr>
<tr><td>能不断研究开发新构思，新方案或新技能，改进质量和效率且有效显著</td><td>经常能提出新构思，新方案或新技能，改进质量和效率，而且有成效</td><td>尚能提出新构思，新方案或新技能来改进质量和效率，且具有一些成效</td><td>行事墨守成规，无法提出新方案，新技能来改进质量和效率</td><td>对于现行之工作不但没有新构思，反而对现状抗拒改进</td></tr>
<tr><td rowspan="2">协调性</td><td colspan="5">考核化妆造型师是否对上司服从命令，人际关系好坏，在集体共同合作中，具相互帮助和支持</td></tr>
<tr><td>对上司绝对服从，与同事的人际关系维持良好。对集体的合作关系作出贡献</td><td>对上司基本服从，与同事和上司都能协调，从未有过摩擦</td><td>尚能与上司和同事协调，不过并不是心悦诚服的协调</td><td>表面上虽然还能协调，但是说话不投机时，就会在背后抱怨</td><td>损人利己，与上司和同事都相处不好</td></tr>
</table>

（续表）

项目	成绩等级				
	5	4	3	2	1
积极性	考核是否无需具体命令和指示，在完成工作之余，为增强自身的才干，自觉开发新技巧，接受新知识，并自觉地帮助他人改进工作				
	工作态度积极，具有自觉增加工作量和提高工作质量的表现并能自觉的帮助他人	工作态度积极，能配合上司要求增加工作量和提高工作质量。并能自觉的帮助他人	日常的工作不拖延，交给他办的事都能如期完成。除了给他额外的工作	需要努力的工作总是显得没有情绪，厌倦，得过且过	缺乏积极性，要他做的事总是推三推四不想做
服务态度	考核与客户之沟通，调节气氛的能力及客户的满意度				
	与客户有充分沟通，按照客户意愿操作，从不争执，工作中能笑容满面，精神高昂，处处照顾，气氛能积极地调节，客户反应很好	与客户有充分沟通，按照客户意愿操作，从不争执，工作中对客户表现会因忙碌时而忽略。气氛经常能主动调节，客户反应好	与客户有规定式的沟通，按规定式的操作，工作中的态度要求表现偶有佳作，工作气氛顺其自然	与客户沟通敷衍了事。工作气氛未能经常调动起来，自身表现严肃，缺乏情绪，客户反应一般	不太愿意与客户进行沟通，得过且过。工作气氛显得很沉闷，自身表现没情绪，也没有办法去调节工作气氛。与客户有发生过争执
责任性	考核是否勇于对自己的行为及后果负责，改正和弥补				
	主动承担有关责任，并实时主动解决改正和弥补	主动承担，只愿承担分内的责任，能主动改正和弥补	稍欠责任感，只愿承担分内的责任	责任感不足，只先为自己找借口，又未能改正，弥补	逃避责任，什么都是表现出不知不清
学习态度	考核是否能对自己本身知能的不足，积极去看书，不需要求能在空余时间自我训练，经常请教上司的指导。对公司所提供的培训和考核积极参与而且能拿好成绩，没有浪费公司投资				
	积极主动，不需提点，在空余时间经常作自我训练。培训和考核都能拿到优异成绩	尚能经常主动。培训和考核能拿到良好成绩	只积极参与公司或上司提供的培训，考核能拿好成绩。但未能在空余时间做到自我训练	只积极参与公司或上司提供的培训，考核只能达到合格	不积极向上司讨教。对公司提供的培训和考核只能参与，但成绩不合格

（续表）

<table>
<tr><th rowspan="2">项目</th><th colspan="4">成绩等级</th><th></th></tr>
<tr><th>5</th><th>4</th><th>3</th><th>2</th><th>1</th></tr>
<tr><td>考勤奖罚</td><td colspan="4">（1）迟到每次扣除1分　（2）早退每次扣除1分　（3）病假每天扣除0.5分
（4）事假每天扣除0.5分　（5）旷职每次扣除5分　（6）小过每次扣除3分
（7）大过每次扣除8分　（8）嘉奖每次加8分　（9）小功每次加3分</td><td>备注：从10分起减或加计算</td></tr>
<tr><td colspan="6">主管评分（化妆主管/形设总监）</td></tr>
</table>

序号	评核项目	7月	8月	9月	10月	11月	12月	1月	2月	3月	4月	5月	6月	×重要分	平均得分
1	形设品质												4		
2	速度												2		
3	创新与改善												2		
4	协调性												2		
5	积极性												2		
6	服务态度												2		
7	学习态度												4		
8	考勤奖罚												2		
工作表现评核总分															
占总考核分															

备注：此表由评分主管按时评分完毕后，交至人力资源部，由人力资源部进行最后审核并完成人事考评报告。

【范例 18】

型设主管考评表

项目	成绩等级				
	5	4	3	2	1
领导能力	考核主管人员是否能塑造一个良好的工作气氛，使下属听其指挥，教导之下对工作产生热诚，并激发下属的潜能，使有效完成工作要求。而且使下属乐于工作，安于其位，减少抱怨，保持士气				
	积极激励下属完成工作要求，并能使下属乐于接受指挥毫无抱怨的安于其位	经常激励下属完成指定工作要求并能使大多数下属乐于接受指挥，甚少抱怨的安于工作	大致上能激励下属完成指定工作要求，并使下属接受指挥，但偶有抱怨或不安于其位情形	偶然能激励下属完成指定工作要求，但只有少数下属能接受指挥并时有抱怨或不安于其位	无法激励下属完成指定工作要求，甚至对立，而下属纷纷抱怨，甚至求去
型设品质	考核型设主管在平常跟客户做化妆造型时的质量，这可从公司的内部选片时和客户的反应来定出水平				
	化妆造型质量长期保持非常稳定，客户和员工反应都是非常出众，而且完全没有出现客户要求重做和重拍	化妆造型的质量能保持稳定，没有引起重做和重拍情况。客户和员工反应品质良好	客户和员工反应品质只是较好，偶有客户或摄影师要求重做，但没有客户要求重做	化妆造型的质量不稳定，客户有抱怨，偶有出现重拍	化妆造型的质量不稳定，时好时坏，差别很大，曾多次出现客户要求重拍
速度	考核主管在平常跟客户做化妆造型的速度				
	化妆造型速度都特别快，经常超出其他化妆造型师，但品质仍较好，客户没有任何怨言	速度经常比标准快，有效率但品质较好 没有出问题	速度普通达到标准要求，品质仍较好	速度比标准慢。需要督促才可达标	速度缓慢，有时需要别人帮忙
沟通与协调	考核型设部主管是否有效与上司和下属及其他部门沟通或协调，进行讯息之传达与交流，使公司的政策能达成共识				
	凡事积极主动的与上司和下属及其他部门员工沟通或协调，且都能彼此了解和建立共识	经常主动与上司和下属及其他部门员工沟通或协调且大多数能彼此了解和建立共识	尚能主动与上司和下属及其他部门员工沟通或协调且尚能彼此了解和建立共识	尚能与上司和下属及其他部门员工沟通或协调，被此了解信息有误差，故未能建立共识	需由上司指令才会与下属和其他部门沟通或协调，被此对信息了解有误差，故无法达共识

（续表）

<table>
<tr><th rowspan="2">项目</th><th colspan="5">成绩等级</th></tr>
<tr><th>5</th><th>4</th><th>3</th><th>2</th><th>1</th></tr>
<tr><td rowspan="2">成本控制</td><td colspan="5">考核形设部主管对成本的了解，能按公司的费用指针办事，有没有降低成本的能力</td></tr>
<tr><td>有效利用公司所提供的部门费用指针来完成计划，且经常积极主动地去降低费用</td><td>有效利用公司所提供的部门费用指针来完成计划，但需在上司指导下去降低费用</td><td>能利用公司所提供的部门费用指针来完成计划，但未能有效地的降低费用</td><td>公司所指定的部门费用指针，未能控制且超标，需要上司的指导与监管</td><td>公司所指定的部门费用指针，超标且无法控制，需要上司代替管理</td></tr>
<tr><td rowspan="2">创新与改善</td><td colspan="5">考核是否有提供创新的化妆造型、技巧、道具、服装、工作制度</td></tr>
<tr><td>能不断研究开发新构思，新方案或新技能，改进质量和效率且有效显著</td><td>经常能提出新构思，新方案或新技能，改进质量和效率，而且有成效</td><td>尚能提出新构思，新方案或新技能来改进质量和效率，且具有一些成效</td><td>行事墨守成规，无法提出新方案，新技能来改进质量和效率</td><td>对于现行的工作不但没有新构思，反而对现状抗拒改进</td></tr>
<tr><td rowspan="2">培训部属</td><td colspan="5">考核是否能针对下属智能的不足，加以适当之指导与培训，且能配合公司及个人的所需，针对下属特性及专长，于以必要的培训，以符合公司长期发展之所需</td></tr>
<tr><td>积极主动的针对公司发展及下属需求给予必要的培训</td><td>针对公司发展及下属需求经常给予必要的培训</td><td>针对公司发展及下属需求尚能给予必要的培训</td><td>针对公司发展及下属需求只给予有限的培训</td><td>从未针对公司发展及下属的需求给予培训</td></tr>
<tr><td rowspan="2">积极性</td><td colspan="5">考核是否无需具体命令和指示，在完成工作之余，为增强自身的才干，自觉开发新技巧，接受新知识，并自觉地帮助他人改进工作</td></tr>
<tr><td>工作态度积极，具有自觉增加工作量和提高工作质量的表现。并能自觉的帮助他人</td><td>工作态度积极，能配合上司要求增加工作量和提高工作质量。并能自觉的帮助他人</td><td>日常的工作不拖延，交给他办的事都能如期完成。除了给他额外的工作</td><td>需要努力的工作总是显得没有情绪，厌倦，得过且过</td><td>缺乏积极性，要他做的事总是推三推四不想做</td></tr>
</table>

（续表）

项目	成绩等级				
	5	4	3	2	1
考勤奖罚	（1）迟到每次扣除1分 （4）事假每天扣除0.5分 （7）大过每次扣除8分	（2）早退每次扣除1分 （5）旷职每次扣除5分 （8）嘉奖每次加8分	（3）病假每天扣除0.5分 （6）小过每次扣除3分 （9）小功每次加3分		备注：从10分起减或加计算

主管评分（型设总监/经理）															
序号	评核项目	7月	8月	9月	10月	11月	12月	1月	2月	3月	4月	5月	6月	×重要分	平均得分
1	领导能力												3		
2	型设品质												2		
3	沟通与协调												2		
4	速度准确度												2		
5	成本控制												2		
6	创新与改善												3		
7	培训下属												2		
8	积极性												2		
9	考勤奖罚														
工作表现评核总分															
占总考核分															

备注：此表由评分主管按时评分完毕后，交至人力资源部，由人力资源部进行最后审核并完成人事考评报告。

【范例19】

门市顾问考评表

项目	成绩等级				
	5	4	3	2	1
业绩表现	考核门市顾问的个人业绩完成情况				
	个人月总业绩超越指标+20%以上	个人月总业绩超越指标+10%～+20%内	个人月总业绩超越指标+0%～+10%内	个人月总业绩低于指标-1%～-10%内。	个人月总业绩低于指标-10%下
折扣控制	考核门市顾问对套系折扣的管制能力				
	套系折扣按平均业绩在9折或以上（免费单可不算）	套系折扣按平均业绩在8折或以上（免费单可不算）	套系折扣按平均业绩在75折或以上（免费单可不算）	套系折扣按平均业绩在7折或以上（免费单可不算）	套系折扣按平均业绩在7折以下（免费单可不算）
接单率	考核顾问的接单率高低				
	接单率按平均数在九成或以上（免费单不算)	接单率按平均数在八五成或以上（免费单不算)	接单率按平均数在八成或以上（免费单不算)	接单率按平均数在七成或以上（免费单不算)	接单率按平均数是低于七成以下（免费单不算）
服从协调性	考核门市顾问是否对上司服从命令，人际关系好坏，在集体共同合作中，具相互帮助和支持				
	对上司绝对服从，与同事的人际关系维持良好。对集体的合作关系作出贡献	对上司基本服从， 与同事和上司都能协调，从未有过摩擦	尚能与上司和同事协调，不过并不是心悦诚服的协调	表面上虽然还能协调，但是说话不投机时，就会在背后抱怨	损人利己，与上司和同事都相处不好

(续表)

项目	成绩等级				
	5	4	3	2	1
积极性	考核是否无需具体命令和指示，在完成工作之余，为增强自身的才干，自觉开发新技巧，接受新知识，并自觉地帮助其余门市顾问和其他部门同事				
	工作态度积极，具有自觉增加工作量和提高工作质量的表现。并能自觉的帮助他人	工作态度积极，能配合上司要求增加工作量和提高工作质量。并能自觉的帮助他人	日常的工作不拖延，交给他办的事都能如期完成。除了给他额外的工作	需要努力的工作总是显得没有情绪，厌倦，得过且过	缺乏积极性，要他做的事总是推三推四不想做
服务态度	按照门市对客户的服务要求标准对照，考核门市顾问照客户人的态度，调节气氛的能力及客户的满意度				
	接待客户主动亲切，带动其他同事，工作中全能笑容满面，精神高昂，处处照顾，气氛能积极调节，客户反应很好	接待客户有规有序，从不争辩，工作中都能笑容满面，但工作中对客户表现因忙碌时而忽略。气氛经常能主动调节，客户反应好	与客户有规定式的接待，按规定式的操作，工作中的态度要求表现平稳，工作气氛顺其自然，客户反应还好	接待客户敷衍了事。工作气氛未能经常调动起来，自身表现严肃，缺乏情绪，客户反应一般	不太愿意与客户进行沟通，得过且过。工作气氛显得很沉闷，自身表现没情绪，也没有办法去调节工作气氛。与客户有发生过争执
责任性	考核是否勇于对自己的行为及后果负责，改正和弥补				
	主动承担有关责任，并实时主动解决改正和弥补	主动承担，只愿承担分内的责任，能主动改正和弥补	稍欠责任感，只愿承担分内的责任	责任感不足，只先为自己找借口，又未能改正，弥补	逃避责任，什么都是表现出不知不清
学习态度	考核是否能对自己本身的智能之不足，积极去看书，不需要求能在空余时间自我训练，经常请教上司的指导。对公司所提供的培训和考核积极参与而且能拿好成绩，没有浪费公司投资				
	积极主动，不需提点，在空余时间经常作自我训练。培训和考核都能拿到优异成绩	尚能经常主动。培训和考核能拿到良好成绩	只积极参与公司或上司提供的培训，考核能拿好成绩。但未能在空余时间做到自我训练	只积极参与公司或上司提供的培训，考核只能达到合格	不积极向上司讨教。对公司提供的培训和考核只能参与，但成绩不合格

（续表）

项目	成绩等级				
	5	4	3	2	1
考勤奖罚	（1）迟到每次扣除1分 （4）事假每天扣除0.5分 （7）大过每次扣除8分	（2）早退每次扣除1分 （5）旷职每次扣除5分 （8）嘉奖每次加8分	（3）病假每天扣除0.5分 （6）小过每次扣除3分 （9）小功每次加3分		备注：从10分起减或加计算

主管评分（门市主管/经理）

序号	评核项目	7月	8月	9月	10月	11月	12月	1月	2月	3月	4月	5月	6月	×重要分	平均得分
1	业绩表现												3		
2	折扣控制												2		
3	接单率												2		
4	服从协调性												2		
5	积极性												2		
6	服务态度												3		
7	责任心												2		
8	学习态度												2		
9	考勤奖罚														
工作表现评核总分															
占总考核分															

备注：此表由评分主管按时评分完毕后，交至人力资源部，由人力资源部进行最后审核并完成人事考评报告。

【范例 20】

门市主管考评表

项目	成绩等级				
	5	4	3	2	1
领导能力	考核主管人员是否能塑造一个良好的工作气氛，使下属听其指挥，教导之下对工作产生热诚，并激发下属的潜能，使有效完成工作要求。而且使下属乐于工作，安于其位，减少抱怨，保持士气				
	积极激励下属完成工作要求，并能使下属乐于接受指挥毫无抱怨的安于其位	经常激励下属完成指定工作要求并能使大多数下属乐于接受指挥，甚少抱怨的安于工作	大致上能激励下属完成指定工作要求，并使下属接受指挥，但偶有抱怨或不安于其位情形	偶然能激励下属完成指定工作要求，但只有少数下属能接受指挥并时有抱怨或不安于其位	无法激励下属完成指定工作要求，甚至对立，而下属纷纷抱怨，甚至求去
业绩表现	考核门市主管对公司设定的月业绩指针之表现情况				
	当月总业绩超越指标+20%以上	当月总业绩超越指标+10%～+20%内	当月总业绩超越指标+0%～+10%内	当月总业绩低于指标−1%～−10%内	当月总业绩低于指标−10%下
解难能力	考核门市主管对客户抱怨、投诉、质量问题、交件失误、缺件、失件、赔偿等等的处理能力				
	能独立有效地解决客户和工作上带来的疑难杂症，能保住公司的声誉和金钱无损。有预知力和未雨绸缪能力。客户乐意接受	能安善解决客户和工作上带来的疑难杂症，但需要上司协调来保持客户的满意度。公司的声誉和金钱未有损失	对解决客户和工作上带来的疑难杂症，只能让步求摆平。客户对你的处理态度和手段满意，虽损失金钱但能保住公司声誉	对客户和工作上带来的疑难杂症敷衍了事，见一步行一步，虽能摆平但客户对你的处理态度或手段并不表满意，只是无可奈何	对客户和工作上带来的疑难杂症，没有采取适当办法解决，而且引至客户对你的处理态度不满引至投诉到上层需要上司出面道歉解决

（续表）

项目	成绩等级				
	5	4	3	2	1
沟通与协调	考核门市主管是否有效与上司和下属及其他部门沟通或协调，进行信息之传达与交流，使公司的政策能达成共识				
	凡事积极主动与上司和下属及其他部门员工沟通或协调，且都能彼此了解和建立共识	经常主动与上司和下属及其他部门员工沟通或协调且能彼此了解和建立共识	尚能主动与上司和下属及其他部门员工沟通或协调且尚能彼此了解和建立共识	尚能与上司和下属及其他部门员工沟通或协调，被此了解信息有误差，故未能建立共识	需由上司指令才会与下属和其他部门沟通或协调，被此对讯息了解有误差，故无法达共识
费用控制	考核门市部主管对成本的了解，能按公司的费用政策办事，有没有降低费用的能力				
	有效利用公司所提供的部门费用指针来完成计划，且经常积极主动地去降低费用	有效利用公司所提供的部门费用指针来完成计划，但需在上司指导下去降低费用	能利用公司所提供的部门费用指针来完成计划，但未能有效地降低费用	公司所指定的部门费用指针，未能控制且超标，需要上司的指导与监管	公司所指定的部门费用指针，超标且无法控制，需要上司代替管理
培训部属	考核是否能针对下属知能的不足，加以适当的指导与培训，且能配合公司及个人的所需，针对下属特性及专长，于以必要的培训，以符合公司长期发展的所需				
	积极主动的针对公司发展及下属需求给予必要的培训	针对公司发展及部属需求经常给予必要的培训	针对公司发展及部属需求尚能给予必要的培训	针对公司发展及部属需求只给予有限的培训	从未针对公司发展及下属的需求给培训
积极性	考核是否无需具体命令和指示，在完成工作之余，为增强自身的才干，自觉开发新技巧，接受新知识，并自觉地帮助他人改进工作				
	工作态度积极，具有自觉增加工作量和提高工作质量的表现。并能自觉的帮助他人	工作态度积极，能配合上司要求增加工作量和提高工作质量。并能自觉的帮助他人	日常的工作不拖延，交给他办的事都能如期完成。除了给他额外的工作	需要努力的工作总是显得没有情绪，厌倦，得过且过	缺乏积极性，要他 做的事总是推三推四不想做
责任性	考核是否勇于对自己的行为及后果负责，改正和弥补				
	主动承担有关责任，并实时主动解决改正和弥补	主动承担，只愿承担分内的责任，能主动改正和弥补	稍欠责任感，只愿承担分内的责任	责任感不足，只先为自己找借口，又未能改正，弥补	逃避责任，什么都是表现出不知不清

（续表）

项目	成绩等级				
	5	4	3	2	1
考勤奖罚	（1）迟到每次扣除1分 （4）事假每天扣除0.5分 （7）大过每次扣除8分	（2）早退每次扣除1分 （5）旷职每次扣除5分 （8）嘉奖每次加8分	（3）病假每天扣除0.5分 （6）小过每次扣除3分 （9）小功每次加3分		备注：从10分起减或加计算

主管评分（营业部经理/营销总监）															
序号	评核项目	7月	8月	9月	10月	11月	12月	1月	2月	3月	4月	5月	6月	×重要分	平均得分
1	领导能力												3		
2	业绩表现												3		
3	解难能力												2		
4	沟通与协调												2		
5	费用控制												2		
6	培训下属												2		
7	积极性												2		
8	责任心												2		
9	考勤奖罚														
工作表现评核总分															
占总考核分															

备注：此表由评分主管按时评分完毕后，交至人力资源部，由人力资源部进行最后审核并完成人事考评报告。

【范例21】

店长面试技巧汇总

序号	类别	具体说明
1	面试准备	（1）通知面试应简单明了，讲清楚面试的时间、地点、所携带的资料，注意声音的礼貌，以维持公司的形象 （2）审查候选人的申请表和履历表，特别注意与本次面试职位相关的工作经验 （3）清楚所要面试的职位要求 （4）选择合适的面试地点，理想的面试地点应是安静的，电话不能打进来，其他干扰也应降到最低 （5）预计所须面试的时间
2	建立和谐的气氛	（1）向应聘者问好，介绍自己的名字及职位，并感谢对本公司的应聘 （2）通过问一些没有争议的问题来缓和紧张的气氛，如天气、交通情况等，以降低求职者的紧张情绪 （3）可与求职者交朋友，能很好地维护公司的声誉
3	提问	（1）尽量避免提问以“是”或“否”进行回答的问题，而要提那些需要被试者更详尽地做出回答的问题 （2）不要将话塞进求职者嘴里，也不要传递你所期望有答案的信息，如当候选人回答正确时你点头或微笑 （3）不要像审问囚犯那样审问求职者，也不要采取讽刺或者漫不经心的态度 （4）不要让求职者支配整个面试，相反要问开放性问题，并倾听候选人的回答，鼓励他们充分表达自己的想法

（续表）

序号	类别	具体说明
4	面试索引	（1）清楚有关应聘者的所有资料(资历、工作经验、财政状况、家庭背景)，可通过发问方式获得所需资料 （2）留意其情绪的稳定性、多次转工的记录 （3）仪容及衣着 （4）避免表现出针对性的态度 （5）发问开放式的问题 （6）每次发问一个问题，在每次发问后，需暂停一会儿，等一、二秒钟，耐心聆听并注意应聘者的手势及语调 （7）概括地介绍工作范围及晋升机会 （8）让应聘者知道最后的通知时间
5	背景询问范例	（1）你以往、现在的主要工作职位是什么？掌握了哪些技能 （2）职位是否发生过变化 （3）为什么你(或打算)要辞去这份工作 （4）请描述你一次成功解决问题的经历 （5）你如何评价自己的优势和缺点
6	面试中的观测与评核	（1）根据实际情况有选择地进行提问并观察应聘者的行为反应：从回答中评估，或观察其身体语言(眼神、微笑、表情、姿势等)以做参考 （2）设定“技能测试”来测定应聘者的实操技能，如礼仪、服务意识、销售技巧、计算能力等环节

（续表）

序号	类别	具体说明
7	结束面试	（1）给予求职者提问的机会 （2）应以积极的调子结束面试 （3）告之如果公司对其感兴趣，下一步将怎么办 （4）拒绝求职者要讲策略 （5）如果仍须考虑，则应告诉求职者公司将尽快以书面形式通知面试的结果 （6）向求职者致谢，感谢其参与面试
8	回顾面试	（1）检查面试记录，填写面试表格 （2）趁面试在头脑中尚清晰时，回顾面试的场面，以避免填写错误
9	通知上班时间	（1）介绍公司名称及店铺号码、地址 （2）清楚告知上下班的时间 （3）交代所需携带的资料 （4）说明上班的衣着要求

（3）不同周期的留人措施：

①引入阶段。让员工尽快适应环境。

②成长阶段。肯定员工工作，安排员工参加各种培训。

③成熟阶段。给予员工适度的培训后，再给予畅通的调职或晋升渠道。

④稳定阶段。给员工增加福利或实施年薪制。

（二）员工填写离职申请表

（1）如果员工要离职，店长应先与其进行正式谈话，提出挽留。

（2）如果员工执意要离职，店长应让其填写离职申请表，并上交由婚纱影楼店所发的工作用品，如工服、工牌等，同时填写离职清单。待相关部门领导签字同意后，店长最后签字确认，员工方可正式离职。

九、如何做好季度工作总结

每个季度结束时，店长都应对婚纱影楼店整体工作进行总结，同时要与季度工作计划进行对比，看看计划中的工作是否顺利完成，如果没有，则应找出问题，并在下一季度的工作中着手解决。

管理心得

管理心得，其实是婚纱影楼店店长对自己个人工作的总结。可以是对某一个事件的看法，也可以是某一项工作的实施计划；可以是成功的经验，也可以是失败的教训。

我的季度管理心得

已办事项	
未办事项	
待办事项	
通过这一季度的工作，我最大的收获是：	

第五章

如何安排与落实年度工作

年终到了，店长要对本年度的婚纱影楼店工作进行总结，同时要制订下一年度计划，实行年终部门大检查……

这个时候可以说是店长忙得团团转的时候。其实，你也可以不用让自己显得如此忙碌，比如：提前将年终各项工作做好安排，就可以让每件事情都按照计划进行。当然，预留一定的时间来应对突发事件，可以让你的年终各项工作更好地完成。

一、如何编写年度工作总结

年度工作总结（以下简称年终总结）包括店长个人和婚纱影楼店整体两种，无论是哪一种，店长都不要忽视。如果能做到文、数、表、图综合运用，甚至是多媒体的演示，将要表达的核心思想准确、清晰、生动地呈现出来，会更能得到领导认可。

当然，所有的形式都要为内容服务，要想全面系统地做好年终总结，一般来说，可按照以下几个方面来组织内容。

（1）工作业绩，包括婚纱影楼店所取得的成绩。

（2）婚纱影楼店建设，包括婚纱影楼店的制度建设，员工工作能力的提高、员工工作士气的提高、团队协作情况的改善等。

（3）将婚纱影楼店员工之间有效协作的情况反映出来。

（4）对希望解决的问题，要提出问题并提供相应的解决对策。对于实在是没办法解决的问题，必须明确提出解决问题需要的资源和支持。

二、组织配合编写标准话术

作为婚纱影楼店店长，需要组织相关人员配合编写标准话术。在此，提供几份婚纱影楼店话术，仅供读者参考。

【范例 01】

××婚纱影楼门市部客户入门标准行为或用语

类别	标准行为或用语
现场行为	（1）门市人员或其他部门在营业大厅入座时，一律不得背向大门口 （2）同部门人员穿同制服在空闲时，不得超过两人以上，在同一张桌子入座 （3）任何部门人员在门市部时，既视同门市人员，应配合门市店堂内一切礼节 （4）迎宾人员站立位置应以面向营业大厅为主，并环目四顾，随时帮忙支援其他门市人员 （5）“迎宾”或“收银”看见任何客户进门时，应立即大喊“欢迎光临”，以便其他人员说出“欢迎光临”
门市行为	（1）“欢迎光临，两位好！”（单身客户就说“您好！”） （2）“我是××，叫我××就可以了。”亲切握手，大方有礼说“很高兴能为您服务！” （3）“这是我的名片，对不起！请问小姐如何称呼？”“您好！这名字真好听！” （4）“××可以称呼您××（或×姐）吗？” （5）“哦，对了，请问先生怎么称呼啊？××可以叫您××大哥吗？哇！×大哥，您两位真有夫妻相，连笑起来的好像哦！” （6）门市开始拿出公司特色本，介绍公司特色，循序渐进地与客户聊天，保持笑容，争取好感与信赖感，化被动为主动，将客户当朋友，才能得到客户的认同

（续表）

类别	标准行为或用语
迎宾	（1）看见有客户进门时，面带微笑，主动开门，并大声说“欢迎光临” （2）走向客户，说“我是××，能为您服务吗？” （3）礼貌抬手，比向门市或客户想去的地方，主动伴随客户进入消费区域，说“请随我来”！ （4）拉椅奉坐，说“请坐”！（随时保持笑容）
离去客户	（1）对没有下订的客户：“很遗憾！今天××不能达到两位的期望，但××（自己）衷心期待能有为两位服务的机会（握手致意），别忘了一定要回来找××，再见！慢走！” （2）已下订客户：“谢谢（×大哥对××的支持与照顾），××一定会好好替两位服务的，别忘了如果有亲朋好友要拍照，一定要介绍回来给××，多多帮忙，好！拍照前××会再打电话给两位的，OK！再见！慢走”！（目送且鞠躬致意或挥手致意） （3）拍照离去：“辛苦了！今天拍照好不好玩啊？回家早点休息哦！别忘了×天后回来看样，OK！再见！慢走！” （4）看样完成后：“（手扶女士）我还是觉得您本人比照片上更美，××（对方）别忘了，要介绍亲朋好友回来找我××服务哦！谢谢！再见！慢走！” （5）取件时（尽量帮客户提作品，边走边说）“辛苦了！要不要××帮你提上车，哇！满载而归，恭喜了！别忘了哦！OK！有空欢迎回来找我玩，有朋友一定多帮忙××介绍啊！再见！”

【范例 02】

××婚纱影楼门市营业部标准语术

1. 客户进门后

客户进门后，迎宾门市主动上前拉门，面带微笑，并大声喊道：“您好！欢迎光临××××！”引客入座后，询问客户：“请问两位需要什么帮助吗？”

2. 倒水

如果是冬天必须倒热水双手奉上并

随手札记

说："外面天气比较冷，喝杯热水暖和暖和。"

如果是夏天必须倒冷水双手奉上并说："外面很热，喝杯水，降降温。"

如果是春秋天必须倒温水并说："请喝杯水解解渴。"

3. 接单成功

"感谢您对我××的信任，感谢您对我××的信任，您的终身大事交给我们，我们会尽我们能让您的婚纱照成为最美的作品。在今后的日子里我们还会热忱为您服务的。有任何事情都可以与我联系，记住我的名字叫××哦！"

4. 未订单时

"今天遗憾××没有达到两位的期望，但××忠心希望能为两位服务，希望给我一次为你们服务的机会！（握手）别忘了下次一定要回来找我哦，谢谢您今天的光临，请慢走，再见。"

5. 未订单给客户发短信

"由于××能力有限，没有让你满意，未能达成最终协议，如果您在经过比较或考虑以后，觉得我们公司还不错的话，您可以过来找我××。"

6. 婚期未定

"对呀，其实有很多人过来看婚纱照时婚期都未定，但是婚总是要结的，照片总是要拍的，钱总是要花的，朋友总是要交的，我们在外面东逛西逛也要花钱的，就算去麦当劳随便吃吃也要一两百元，更何况我们现在有优惠活动，你可以先保留优惠，如果以后有新的促销方案你也可以选择， 而且现在客户的提前意识都很强，照片肯定是要提前拍的，因为结婚之前装潢，买东西等的事情太多了，到那时再拍的话精神状态肯定没有现在好。 不如帮你们现在就把这个优惠保留下来吧！"

7. 自己不能决定，要问父母

两位好孝顺哦！拍结婚照很重要，尊重父母是应该的，但是毕竟是两位自己过来了解的比较清楚，父母对一些特色产品以及尺寸没有什么概念。拍婚纱照主要还是你们自己，特别是新娘子比较注重，一辈子就一次，一定要最好的，还是新娘子定比较好，新郎官肯定是爱新娘子，听新娘子的，新郎官是吗？等到结婚照拍好了漂漂亮亮的拿回去给父母看，他们还会夸你们会办事。让老人放心省事岂不更好。

8. 价格还要考虑

"一分价钱一分货，价位的高低不能看表面数量。我们公司是××市区开业时间最长、档次最高、信誉最好、服务最好、品质最好、规模最大的影楼，不能和小影楼的水货比。一辈子才一次，只贵了一点点，不要亏待了自己哟！价格只是一部分，最重要的是品质效果要好。50年后再看看相册，效果这么好，那种心情不是用价值来衡量的。"

【范例03】

××婚纱影楼秀场接单应对话术

情形一：顾问说是顺便看看，将来再定

门市人员：××姐，我觉得我们真有

缘分，当你坐下来我就对你有特别的好感，特别是你的脸型（眼睛、眉毛、鼻子、嘴），特别像我表姐（表妹，好朋友等）。还有呀，我今天很幸运呀，我刚刚接的一个单，也是顺便看看的，两年以后的婚期呢，你看（拿出单据给客户看），他订单后还和我说：‘他买的东西大部分都是无意中遇到的。’其实就像我们一样，如果你真的拿钱去买东西的时候，往往不一定能买到的，你的第一感觉很重要！

门市人员：“请问，你对我的服务满意吗？”

客户：“满意”

门市人员：不瞒您说，我们董事长经常都教育我们客户不是上帝，客户是我们的朋友，我们的姐妹，如果你的哥哥，姐姐来拍照，你怎么样对待他们呢？所以呀，我怎么样对他们，就会怎么对待你们的，因为你们给我们说一句好话比我们说一百句都做重要，质量满意吗？

客户：“不错”

门市人员：姐姐，谢谢您，您放心，我一定不会让您失望的！

（如客户不满意还可以请主管支援）

主管：请问你是对我们服务小姐不满意吗？

客户：“不是！”

主管（很正式）：“这样吧，我让您做一对最幸运的客户，我能感到你们不是有意来定婚纱的，对不对？就像我去买东西，当我不想买时，如果想让我买，除非很优惠，如果今天和明天一样，我绝对今天不买，对不对，今天我让你老公花最少的钱，让你成为最幸运的新娘子，因为我看到我的员工这样的努力，而且很辛苦，我很感动，我希望鼓舞一下员工的士气，另外，也希望把你们拍得满意，帮我再介绍朋友，因为你们两个条件不错，但我要记清楚，我一会给你们优惠，只有不离桌才有的呀，将来没有的啊（马上对门市，装作很为难，而且孤注一掷的感觉，并大声地说：“今天我破例让你花‘××’钱得到……内容，另外再赠送……）（此段

随手札记

话，适合很多问题情况下回答）

主管：没有关系，我们一样欢迎你们，既然是来看看，就请欣赏一下我们的样本，但是你们两位真的很幸运，正赶上今天是我们开业五年来最优惠的一次活动，你可不要错过机会，再说我们多数的时候买什么，反而不一定能买得到合适的，最划算的，俗话说，“来得早不如来得巧，而且今天（或很快）就是七夕情人节了，又非常有纪念意义，是不是？我还会让你们成为今天最幸运的一对新人，另外再争取一份甜蜜的礼物送给你们，我告诉你们，你们是我今天接的第×对客户，如果你们订单的话，我就有奖金拿的。这样好了，我的奖金我不要了，送给你们一份礼物好了，帮帮忙了，你们拍照的时候，我一定会更细心照顾你的。

情形二：客户现在不能确定，表示需要和老婆（老公）商量

（如果一位男士）

门市人员：哦，你说得对呀，你很民主嘛，但是，很快就是×节了，何不送老婆一份惊喜呢？送什么也没有送结婚照更能表明你对她的爱了，你看（给客户看单据）我昨天（上午）也接待过了一位男士，也是一个人来，当时我帮他选择了一套婚纱照，开始他也很犹豫的，后来他订单之后你猜怎么的？回去和老婆说了之后，他老婆好开心呀，今天和他一起来看，好高兴的样子。我想，如果你预订了婚纱照，你老婆也会很高兴的。（如果还不可以的话）这样，今天就因为你老婆还没来，我送她一份礼物……而且你还可以享受今天的优惠内容。

（请主管出场支援）

主管：“请问是对我们小姐不满意吗？”

客户：“不是”

主管：（很正式）

（男士）：这样吧，我让你做一对最幸运的客户，我能感到你不是有意来定婚纱照的，对不对？就像我去买东西，当我不想买时，如果想让我买，除非很优惠，如果今天和明天一样，我绝对今天不买，对不对？今天我让你花最少的钱，因为我看到我的员工这样的努力，而且很辛苦，我很感动，我希望鼓舞一下员工的士气。另外，也希望你们拍得满意，记得帮我介绍朋友。因为你们两位条件不错，但我要记清楚，我一会给你的优惠只有不离桌才有的呀，将来没有的呀（马上对门市，装作很为难，而且孤注一掷的感觉，并大声说：“今天我破例让你花××钱得到……内容，另外再送……）”

（女士）：你说的也不错，但是今天的优惠的确很难得，而且婚纱照一般是女孩子说了算的，我做门市很久了，我见过很多的男士，来也是坐在一边不说话，等你看得差不多了，回头问问他的时候，他就会说：“你看就行了，或者你说了算，或者你打个电话给他说一声，如果差在价位或者内容，我们现在可以不定套系，只享受优惠条件就可以的，就这样了……

情形三：客户表示现在还定不下来，回去问问父母

“××，你好有孝心的呀，其实你现

在预约的婚纱照是你们两个人的事，只要你喜欢就先定下来，而且你的父母也会为你的决定而高兴，因为父母都希望自己的儿女早日成家，有个好的归宿，也了却了他们的心事，对不对？再说了一般老人对婚纱照不太了解，很少参与意见的。”

情形四：客户表示还没定婚期，只是来看看

“××先生，其实结婚是一件很烦琐的事，如果你要安排到以后的话，你除了拍婚纱照，还要其他很多方面的事情，联系酒店、布置新房等，一些忙都忙不过来的，所以你应该早些安排，而且这段时间我们公司正在搞活动，推出一些很优惠的价格。你很幸运，不要把所有的事情都挤在一起，借着今天这个机会安排一下婚纱照，你看，这个是两年以后婚期，刚刚都定了，还交的全款，你想想不优惠他们能定吗？”

情形五：客户表示来这里是第一家，想再到别家去转转看看

门市人员：（马上按住她的手）“××小姐，是不是我有什么地方没有做好呀？让你不满意呀？还是价格太贵了，你告诉我，我会毫无保留的帮你的。（或者直接问）你打算再去哪家？”

客户：“××家”

门市人员：“哦，××家呀，我知道的。（然后回头对同事）“唉，那天在我们家拍照的客户就是在××家拍过的，后来看到我们家照片，喜欢得不得了，又在我们这边加定了一套的客户吗？结婚一次，对很重要的婚纱照来讲，效果一定是要完美才好。（被问人一定要说是）我还看到了他们的照片呢，不满意又来我们这里加拍的。然后还可以根据我们的优势谈一些。”

情形六：客户觉得照片的风格不适合，不喜欢

“对呀，我也觉得这套照片的拍摄手法不适合您的，你看上去性格比较活泼（以本人为准）应适合一些清新的，亮丽型的……（给她一些直接性的赞美和建议）平时有没有经常拍照的习惯呀？到时

随手札记

候你可以拿一些你认为最满意的或者角度最漂亮的，能拍出你风格的照片来，给我们的摄影师看看作为参考，如果你还有其他的要求，我都可以帮你记下来的。你放心，照片的风格有很多种，我会帮你做最好的安排，一定会让你满意的，照片拍满意了，你们也高兴，帮我介绍个男朋友，你看你选的老公多好呀？你多有眼光，也帮我介绍一个好不好？……"

情形七：客户表示价格太高，需要考虑

"××小姐，太高了，这样好不好？我帮你看看，能不能替你做些安排？另外给你介绍一下这个套系，可是这个内容的产品就不太符合你想要的了……（退而求次）我觉得我和你很有缘的（你很支持我的，花这么长时间和我聊，而且我觉得你真的很像我姐姐的一个朋友）我可以把我的奖金折给你，也许可优惠××元，或多赠××张照片只要××你再帮我介绍客户过来，但你一定要介绍呀！"

"确实贵一些，但是你要知道法拉利和大众都是轿车，都是有四个轮子的，都有发动机，为什么价格不一样吗？肯定有差别的，我又不否认你今天可能会多花××元，但我相信你选择××婚纱绝对不会后悔的，因为××婚纱能有今天也是靠我们长期以来的品质和口碑，婚纱照不像别的，不可以来第二次的，即使今天给你便宜××元，如果照片不满意，你照样会恨我。"

情形八：客户表示有朋友在这里拍过，感觉作品很假，动作重复的特别多，听说不好还贵……

（这种情况，她有可能看过的是别家的，也许不是我们拍的）

门市人员："真的？你有朋友在这里拍过？什么时候来的呀？"

客户："是××时候

（如果真的不是在这里拍的，不能马上解释。）

门市人员："或许你的朋友比较喜欢静止的，传统一点的，不是特别喜欢我们帮她做的造型，而且你所看到的是以前的照片，技术是不断更新的，我们有技术研发小组，每两个月就会有新的创新，每年都有两次大型的新主题发布会，全国很多影楼都会买我们家主题，你喜欢什么样的风格，可以告诉我，我来为你安排，你放心，我还会特别地帮你特别标注……拿出沟通表。"

（先认真地听取客户说的情况，态度一定要真诚，认真。详细地问清后所拍客户的姓名，时间，套系并做好记录）

"这件事情，我一定要反映给总经理，因为我们公司很注重口碑宣传。"

（稍停后郑重其事的）

"我今天要请主管给你最大的优惠，希望能改变你对我们的口碑，我要证实给你看，××婚纱是最好的，还有就是你给我们提出了我们不足的地方，能让我们看到自身的缺点，对我们帮助太大了，我们真心的感谢你，我一定好好服务你们两位来报答你们，一定会让你们满意的，不让你留下遗憾，我会全程跟踪你服务，你想要些什么，跟我说（或者直接请主管给予特别优惠）。”

情形九：客户表示家离得太远，比较不方便

门市人员：“是的，家离得比较远，会带来很多不方便，可能往返路程会费一些时间，但那对你一生一次的婚纱照来说不能算麻烦的，而且你们家附近有和我们技术质量一样的摄影公司吗？”

客户：“没有！”

门市人员：“就是呀，你因为怕麻烦就去凑合拍婚纱照呀，如果那样多遗憾呀，如果还不可以的话，如果你们真的比较远，觉得不方便，我就用我自己节省午饭钱，帮你们把照片送到家里，其实你们不知道的，我是一名新员工，我不在乎拿多少薪水的，但我很要强的，我不想落在别人的后面，所以我宁愿这样，也就请你们帮帮我，我一定会让你们没有遗憾的，……我也会感谢你们对我的帮助的……”

情形十：客户觉得相册不好看

门市人员：“当然了，你看到是样本了，当然看起来不太好了，我们的样本每天不知道有多少人翻看过，后者是经常有磕碰的，再说我们的相册是和全国各大生产厂家买断的，也是今年全国最畅销的款式。如果你在我们这里选不到你满意的相册，那么我想你在（地名）也很难选到满意的，你放心我们公司还有很多款式的相册，我相信你一定能选出你满意的。”

情形十：收取定金

门市人员：“××大哥，麻烦您付1000元定金！（或者直接要求全款，要胆大不要怕）。因全款优惠最多，何况对你说，早交晚交都一样。（如果不行可以再用同情法）我现在业绩就差一套了，求求你帮我个忙，因为我们完成不了，要被罚，你放心，你今天帮我，我一会请你吃东西（拍照的时候，我会更加体贴的照顾你们的）”

情形十一：客户认为定金太多……

门市人员：“不多呀，你看（马上打开单据给他看，其他客户的定金交付）很多都是交全款的，其实多交少交都是一样

随手札记

的，反正早晚都要交的，而且今天交足定金还可以去抽奖，而且我们通常是要求付一半的，那1000元是最低的基数了，放心交给我来给你做最好的安排……”

【范例 04】

×× 婚纱影楼店一手交一手标准流程话术

一、门市交给礼服部

1.（带着客户到下一个流程礼貌的手指向自己的同事加以介绍）“这是我们礼服部的礼服师××，等一下他会替两位更换礼服。”

（手扶客户介绍）“这是我朋友，××先生，××女士！”

（公司人员被介绍时，应大方有礼，伸手握手并说出）“您好！我是××，叫我××就可以了，××（门市）的朋友就是我的朋友，请放心，××会好好服务的，来！我们先去放置您的物品，这是钥匙请跟我来。（陪同客户至衣柜）”

2.“待会可请两位先去清洁一下脸部以便于上妆。”“来！请跟随我来，洗过脸后再回到这里，××会为他们挑选合适的礼服，OK！”

3.“现在××帮你们参考一下服装，根据你的脸型、身材等，我建议你穿这套礼服较能显示出您的美感，哇！您的身材穿什么都好看！有模特的味道。”

4.“OK！这套相当好！您感觉如何呢？好，请××跟我到化妆部，稍作休息，就可以化妆了。”

二、礼服部交给化妆部

1.（带着客户到下一个流程礼貌的手指向自己的同事加以介绍）“这是我们化妆部的××，等一下她会替两位化妆。”（手扶客户再介绍客户）“这是我朋友，××先生，××女士。”

（公司人员被介绍时，应大方有礼，伸手握手）“您好！我是化妆部的××，叫我××就可以了，××的朋友就是我的朋友，请放心，××会好好服务的！”

2.“待会在化妆过程中，您要是有什么特殊的要求或是建议，可以尽管提出来，××会尽力满足您的！”

3.“OK！大功告成，来请您看看，好美哦，喜不喜欢呢？拍照时可以尽量表现，别担心会掉妆，××会随时帮您补妆的。”

4.“来让××带您到造型部，由我们的造型师帮您设计造型。”（需由本人亲自引导客户到下一个流程）

三、化妆部交给造型部说词

1. 从上述介绍中模式进行。

2.（握手、笑容、热情有礼、肢体接触、轻扶对方）“您好！请坐！我是××，叫我××就可以了。现在将由××为您做造型设计，让您美上加美，OK！”（造型师应站在客户后方，两人一同面向镜子来沟通。造型师沟通时，应轻触对方发际，发根或发尾，代表专业及亲切）

3.“你的脸型是属于（瓜子型、高额型、宽边型、长夹型脸）的，属于（古典美、现代美、清爽型、时尚美、小家碧玉型的美）。××会针对你的特质及脸型来为您设计，OK！”

4. "OK！大功告成，感觉不错吧！相当美了！待会拍照别担心造型的变，尽量的表现吧！待会换礼服时，××会再替你服务的。来让××带你去摄影部，OK！请随我来。"

四、造型部交接给摄影部

1. 从上述介绍口语化进行。

2. 从上述礼仪方式表现大将风范（笑容、握手等）

3. "您好！我是您的主拍摄影师××，叫我××就行了，这是我的助理××，等一下会由我们小组替您服务。这个造型及妆面相当立体，很适合你的特质，拍照效果一定会很美的，等一下在拍摄过程中，不需要紧张，就当作是在玩一样，放轻松，被拍照没有想象中辛苦，不要有压力，想笑就笑，OK！在拍照过程中，在构图、色系、大小比例等，如果两位有特殊要求，可以随时提出来。××一定会拍出两位想要的作品。OK！"（一定要称赞客户的妆面及造型和服装等，表现出欣赏的眼光及语言，以期待客户对自己更有信心，才会共同创造出更美的作品）

五、助理接待模式及话语

"欢迎光临，两位好！我是××（握手动作），是两位的摄影助理，今天是我们和我的老师××先生，来为你俩服务，待会，我的老师会与两位进行拍照前沟通，我先帮你俩准备一下。""小姐真是一个漂亮的新娘，先生是帅哥）好请两位稍坐一会，我们马上开始！"

六、调度的接待模式及话语

1. "你好！我是调度××（握手），笑容，现在由××来替两位安排，请先稍坐一下，我们马上开始"。

2. "这是一份客户满意程度调查表，为了确认我们公司专业创作群，能达到两位要求及满意度，因此我们推出'五星级服务标准'现在由你俩来评选出来，一定别忘了行使您的权力哦！"

3. "每个作业都是单项操作，因此这份资料您要随时带着，看看帮您服务人员，能不能达到你俩的满意度，OK！"

4. "××，××如果有什么特别的喜

随手札记

爱或要求，喜欢什么样的风格等，都欢迎随时跟我们的工作群或老师们沟通。”

【范例05】

客服部电话回访标准话术

一、满意度电话回访

“你好，请问是××先生/小姐吗？我是××影楼客服部的××，您在×月×日在本店拍摄了婚纱照，我们现在想对您进行一次满意度回访，请问您现在方便吗？”

“那我××时候再打给您？那您什么时候方便？”（不方便）

“就是想对您在本店拍摄过程中，我们员工对您的服务品质进行一个回访。”

“请问您还记得接待您的门市（摄影师、化妆师）的名字吗？”

“您对他对您的服务满意吗？”

“您对我们的拍摄风格满意吗？”

“您对最后拿到手的照片满意吗？”

“您有其他意见要向我们提出的吗？”

“好的，您的意见我已经记录了，我会上报给我们总监，大约1周后我们会给您答复。”（有意见）

“谢谢您对××的支持。”

二、VIP建档

“你好，现在我们影楼开设了VIP客户体系，对于在本店消费过的客户，都可以自愿参加。参加VIP是完全免费的。”

“参加VIP可以参加以后我们举办的客户回馈活动，比如抽奖什么的。还可以参加影楼举办的客户联谊会，比如鸡尾酒会，冷餐会什么的，我们邀请所有VIP客户，都是新婚的新人，大家聚在一起交流交流结婚的事情，很有意思的。”

“另外还可以参加积点换现金活动。如果您介绍您的朋友给我们，我们会按照订单金额的5%给您积分，这个积分可以顶现金在本店消费，也可以按8折换取现金。”

“您对VIP有兴趣吗？”

“您有朋友要结婚吗？”

“那我给您申请×张优惠卡。”

“这个优惠卡您只要给您的朋友，他拿卡过来就行，不一定要您陪同，卡上的编号和您的VIP号 是一样的，回来我们可以查到。”

“另外这个卡给您的朋友是一个36放大的优惠，这个优惠是实实在在的折后优惠，也就是您朋友可以过来和我们谈价，谈到不能再低了，他拿卡出来，我们还是给他优惠，同样也给您积点，这个完全是我们让利的。可不是要先出示的那种假优惠哦。”

“好，我叫一下我们经理给您办一下手续了。”

三、客服回单处理

“你好，请问是××先生/小姐吗？您介绍的朋友××到我们店预订/拍摄了婚纱套系，卡号是××××，消费了××元，您现在有××点的积分，您是留着还是先兑现？好的，（您什么时候到影楼来拿）”

【范例06】

推荐客户相片放大篇（儿童）

一、当客户表示“再加框要花那么多钱”

“现在您花几百元，但您想想这些可以保存十年就不会觉得贵了（把客户一次性的消费拆分到每年，进而拆分到每月每天）。这个32寸的油画大约需要400元，您挂十年，一年才40元，一个月还不到4元，不是很划算吗？4元真的不算什么，比起您对宝宝的爱，就是4万元也比不上啊。每月只需要花几元就能给宝宝留个纪念，您肯定愿意为您的宝宝选择这个放大产品的。”

“您放心，我们公司的价格已经很实在了，这样好了，我请主管帮您签8折。”

“放大是享受了优惠价格的，因为您选片超过80张，相册或者相框是免费赠送的。”

“有些公司是冷裱成型的，客户一般看不出，只有我才给您诚信地介绍，因为我们公司是热压整体成型，进口镀膜，不会褪色，更具有保存价值。”

“放大产品更有质感，是纯手工的相框，极具纪念意义与保存价值，非常值得选择。”

“放大照片挂在家里，亲戚朋友来您家里的时候都能看到，而且宝宝拍得很漂亮，多有面子。”

“我们平常吃饭，娱乐也花好多钱，何不花这些钱给孩子保存一份永远的回忆呢？放大产品美观，大方，极具保存与欣赏价值。”

二、当客户表示“那么大的相框没地方摆”时

“放大不一定要做成框，也可以做成挂毯，悬挂方便，也很适合收藏。”

“可以经常更换家里的放大照片，比如根据心情或者季节来换。经常更换家里的照片会给人不一样的感觉，比装修房子可划算多了。”

“放大产品也不一定要很大，20寸以

随手札记

上就可以了。”（代为设想，退而求其次）

三、当客户回答“放多没有用，没地方摆”时

“照片不用一次全部挂起来，可以不定期的更换，冷色调的景适合夏天，冬天更换比较温馨的暖色调。”

“除了这一组，另外放大一些照片配韩式进口框，可以作为家里的装饰品，供欣赏之用。”

四、对有些不是很喜欢放大照片的客户

“宝宝真的好幸福哦，有这样疼爱他的爸爸妈妈，您说我们每天忙来忙去，不都是为了孩子。给孩子保存一份童年的记忆，孩子长大以后肯定会感谢父母为自己的童年留下了这么多的回忆。您想想，您小时候的照片是不是很少啊？那时候我们是没有条件，现在有条件了。您肯定不会让您的孩子再像以前那样了，是吧？”

“孩子一年一个样，以后再拍肯定拍不出现在的感觉了，把放大照片挂在家里，朋友来家里一眼就能看到，您也不用总是把相册拿出来了。”

五、当客户表示“照片不用放那么大”时

“差不多的价格，不如要个大的，大的更精彩，画面更加有质感（差价法，比如让客户10寸升级12寸，20寸升级24寸，32寸升级36寸等，这样差价不会很大，客户比较容易接受）。”

“现在选择加洗放大正是时候，要赶紧争取。”（门市可以标价高一点，给客户一个优惠的秒杀价格，客户容易心动）

“在本店加洗放大，我们采用原片冲洗加一流的洗放技术和高品质相纸输出，照片会更加精彩。”

六、发现宝宝妈妈比较好说话时

“宝宝的照片这么精彩，多做两张送给他姥姥多好呀，宝宝姥姥肯定会很高兴的。”

“没和公婆在一起住的话。送一张让老人摆在家里，花一点钱就可以让老人开心，何乐而不为呢？”

七、发现宝宝爸爸比较好说话时

针对男宝宝家长：“您媳妇给您生个儿子，您还不得好好感谢他们母子俩，多做几张也是您疼爱他们的表现啊！”

针对女宝宝家长：“女儿是您前世的小情人，今生变成了您最可爱的女儿，给他做个放大也是应该的。”

【范例07】

××婚纱影楼客服部标准语术

一、成交电访摄控排棚语术（针对已下定客户）

1. 未定拍摄时间的客户

“××小姐或××大哥您好！对不起！打扰一下！”

“我是××婚纱摄影客服部××，不好意思！打扰您了！”

“××为了保障您的福利及拍摄品质，××想先帮您安排好摄影大师和化妆师、造型师。请问您下个星期那几天比较有空一些呢？”

"……这样好了，××先暂时帮您安排在××月××日星期×，因为再来都是拍照的旺季，照相的人会越来越多，而且现在您来的话天气比较凉爽，照出来的效果相对比夏天好得多，出外景的话脸部表情也会自然得多，不会因为天热而显得烦躁……您觉得呢？"

"到时候您来以后就可以直接化妆，做造型，用不着等很久，您预约的这个时间段，我们暂时不会再安排其他的客户，（如果您未先排棚，而临时到来，可能会因为服务跟不上，而怪罪我的）。您看这样好不好，我们就先安排在××月××日上午××点化妆，这个时间段会保留给您的！"

"如果您到时真的有特殊事情不能准时来的话，也麻烦您在三天前给××来个电话，××会另外再做安排的，好吗？非常感谢您！打扰了！！谢谢！！"

2. 针对预定时间已过，未准时回门拍照的客户

"××大哥或××小姐，您好！"

"我是××婚纱摄影客服部的××，对不起！打扰您了！"

"您原本是××月××日要来拍照的，但是一直都没有来，××想，可能是您这阶段的工作比较繁忙而耽误了时间。"

"这样好吗？为了保障您的福利，您看××再重新替您安排在××月××日星期×上午×点可以吗？好的！非常感谢！"

"××将恭候您的光临！请您务必准时到达，OK！谢谢您！打扰了！拜拜！"

二、电访催地址

"××大哥或（××小姐）您好！！不好意思！打扰您了！！"

"我是××客户服务部××，您好！今天给您打电话，是想告诉您一个好消息！！"

"是这样子的，我们××现在正举办：（例：新婚钻戒天天送）专案活动，特别针对'贵宾客户'推出了：(例：结婚

随手札记

万岁送钻戒)活动 及大富翁乐透游戏，（您有机会拍婚纱照，不用花钱哦！）。”

“您是我们的贵宾，××为了想寄给您一份‘大富翁乐透游戏活动细则’给您”！

“可是没有您的通信地址！不知道，可否将您的通讯地址告诉××呢！非常感谢！！”

三、结婚照成功预约短信

“非常感谢你俩的信任与支持，我们于此承诺给您，最棒的、最好的、最精彩的作品。你俩将会成为令人羡慕的神仙眷侣！

××婚纱影楼客服部 ××敬上”

“美丽的人生，揭开序幕、精彩的乐章、伴随永远。至感荣耀的我们，即将为你俩掌镜见证。谨代表××全体员工，献上真诚的心愿与祝福！

××婚纱影楼客服部 ××敬上”

“恭喜两位！天长地久、一世恩爱、永结同心、心心相印！

××婚纱影楼客服部 ××敬上”

“最帅气的新郎、最美丽的新娘！一切的美梦将会成真，我们献上十二万分的祝福，期待你俩的到来！

××婚纱影楼客服部 ××敬上”

四、艺术照成功预约短信

“美丽的主角、动人的乐符、迷人的彩妆、伸展的舞台。一切将会以您为亮点并期待您的到来！

××婚纱影楼客服部 ××敬上”

“一瞬间的彩虹，围绕在您的身旁，如同缤纷的衣裳，如此动人，您将会是最佳女主角！

××婚纱影楼客服部 ××敬上”

五、未成功预约时短信

“感谢你俩的到来，我们此次未达你俩满意之处，恳请您谅解！亦希望能再有一次机会，期待相聚，非常感谢！ ××婚纱影楼客服部 ×× 敬上”

“结婚拍照是人生一大乐事！追求客户满意一直是我们努力的目标！期待你俩的再次光临！

××婚纱影楼客服部 ×× 敬上”

“婚总是要结的、照总是要拍的，朋友总是要交的，但希望能成为你俩的好朋友，为你俩见证永远的美丽，期待您的再次光临！

××婚纱影楼客服部 ××敬上”

三、配合编制年度工作责任书

作为婚纱影楼店店长，需要配合人力资源部工作人员编制年度工作责任书，以此明确相关人员的工作责任。在此，提供几份婚纱影楼店相关岗位的年度工作责任书，仅供读者参考。

四、编制年度营销活动计划

婚纱影楼店店长是门店市场营销的总负责人，需要对门店的整个销售业绩负责。要想提高婚纱影楼门店的业绩，一定需要一份好的市场营销计划。作为店长，一般需要在年底编制门店的营销计划。在此，提供几份婚纱影楼店的年度营销活动计划，仅供读者参考。

【范例 08】

门市主管年度工作责任书

职位名称：门市主管	职位编号：	职位等级：	版本号：
所在部门：营业部	工作地点：	填写日期：	生效日期：
直接上级部门：店长	制定者：	审核者：	审批：
职位概述： 为达成门市部的销售目标，协同策划组制定有效的销售方案，带动并提高全体门市人员的销售业绩，提高服务质量，督促有效地进行客户管理			
职位关系： 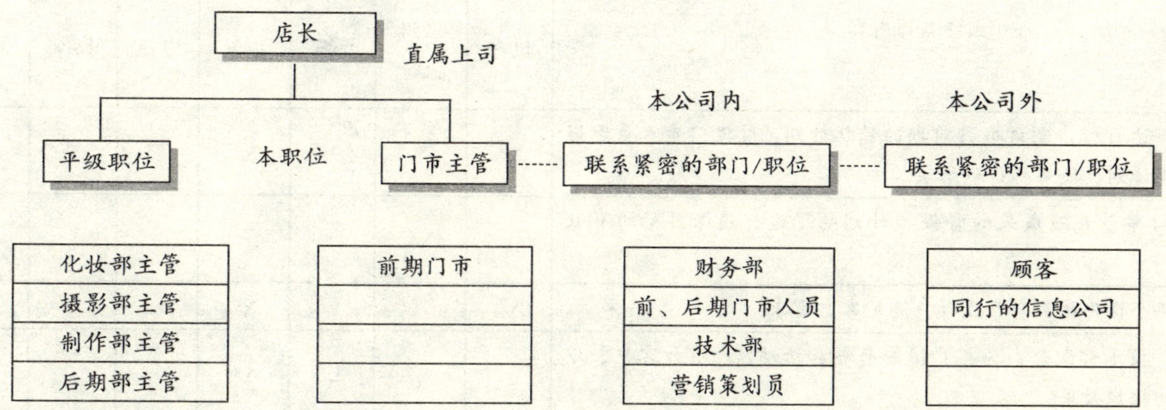			

（续表）

职位范围					
直接下属人数	10～15	间接下属人数		合计	10～15人

任职条件	
（1）具有较好的沟通及表达能力，具有团队管理能力	（2）了解影楼行业的发展行情及趋势
（3）具有一定的数码知识	（4）熟悉公司摄影项目
（5）具有摄影套餐设计能力	（6）具有较强的销售技巧
（7）具有一定的销售和心理学基础	（8）学历。高中或中专以上学历
（9）专业。销售基础专业或销售专业学科	（10）经历（或经验）。曾有2年以上影楼经验并有1年以上主管经验

工作职责

序号	工作领域	主要工作内容	工作权限						工作频率		
			执行	组织执行	决策	拟制	审核	批准	日常	周期	随机
1	影楼营销管理	根据公司下达目标，制订当月前期的销售计划，督促门市人员做好月计划和周计划，使目标得到落实	√			√				√	
		负责前期接单量业绩成果的督促、计划的跟进，确保目标的有效达成		√					√		
		为客户提供个性化摄影套系设计，满足客户需求	√			√					√
		与策划组、技术部配合，为推广摄影套餐和活动预约有效客户，以达到更好的推广效果		√	√	√			√		
		支持前期门市人员销售，给予多方面的策略引导，以提升销售业绩		√			√		√		

（续表）

1	影楼营销管理	培养门市顾问，培训营销技巧及相关知识，不断提升店内前期和外展部门市接单消费平均值		√			√		√		
		提供部门各类管控表格设计，并组织汇总各类销售报表并及时上报									
		根据公司的有关规定，把好成本关，为公司创造更大的效益	√						√		
2	客户服务管理	建立健全客户服务管理制度，确保门市人员在为客户服务时有据可依		√		√					√
		客户服务管理的操作及流程细节的检视，提高服务质量，保持影楼标准化服务水平	√						√		
		处理客户的投诉，减少客户抱怨，提高客户满意度	√								√
		定期对门市人员的客户做回访跟进，提高客户售后服务的标准化和有效化	√							√	
		接待来店的重要公共关系客户，及时解决客户问题和满足客户需求	√				√				√
3	门市管理	培训并检视门市人员的个人形象、服务礼仪、销售技巧及专业知识，整体提高门市人员的能力水平	√						√		
		与技术部定期考核或抽查门市人员的数码专业知识和相关产品知识，确保门市人员保持较高的专业水平	√							√	√
		日常巡视及支持门市人员对客户的咨询工作，以提出改进点并督促其改进	√						√		
		及时跟进门市人员的思想工作，倡导服务精神和团队精神	√						√		

（续表）

3	门市管理	及时跟进门市人员的工作情绪，及时疏导，确保营造一个积极开心的工作环境	√						√		
		协同人力资源组进行部门人员招聘、培养、调配，满足影楼人力需求；同时享有部门人事任用去留建议权									
4	本部门组织管理	制订并完善门市部的各种规章制度，做好纪律监督和考勤管理；提升员工的工作严谨度和积极性		√		√	√				√
		协同相关部门制订相关政策和制度，使门市部与其他部门工作衔接顺畅		√							√
		协调与其他部门的关系，处理异常事件，确保运作顺畅		√					√		
		召开部门内部会议（部门员工每天早上进行店训），宣导公司文化理念，确保公司文化在本部门导入。参与每周主管会议和技术部全体员工会议	√								√

KRA/KPI

KRA	KPI	权重	KPI说明	计算方式	数据提供部门/职位	收集周期	衡量标准	
							分值	标准值
影楼销售	营业额达成率	直接提成，不计入考核成绩	影楼本月实际销售业绩（含技术部，后期加做金额总和）与公司下达目标的比例	①责任底薪___元，行政补助___元，通信补助____元 ②提成按当月目标业绩计提____%，超出部分计提____%；未达标部分____%扣减薪金 ③预留利润奖:____% （每月收入提取%年末发放）	会计	月	150	125%，每增加10%，增加10分
							120	110%
							100	100%
							80	90%
							60	90%以下
							80	40%
							60	40%以下

（续表）

计划管理	工作计划完成率		已完成工作和计划完成工作的比较	每月休息4天，超过休假时间按天数计发工资，工作时间绝对服从公司安排。若连续三个月未能完成任务时，愿意自动辞职	人力资源部	月	150	100%
							120	90%
							100	80%
							80	70%
							60	70%以下
团队管理	部门成员满意度		门市团队对主管的满意程度	随机抽查	人力资源部	月	150	85分以上
							120	75分
							100	65分
							80	55分
							60	55分以下
关键事件			门市人员被客户投诉，一次扣3～5分					
			门市人员被其他部门人员投诉，一次性扣4分					
			门市人员被发现或考核到礼仪不规范、接待流程不规范或专业知识未通过，一次扣3分					
			公司的制度/流程及相关文件精神在本部门执行不力或宣传贯彻不及时，每出现一次减5分					
			参加公司各种会议不及时，每出现一次扣2分					
			流失一个新员工，减2分，每流失一个老员工，减3分；（注：由公司开除的不计）					
			为公司每引进一个优秀员工，加2分					

备注：KRA（Key Result Areas）指关键结果领域；KPI（Key Performance Indicator）指关键绩效指标。

【范例 09】

化妆主管年度工作责任书

职位名称：化妆主管	职位编号：	职位等级：	版本号：
所在部门：技术部	工作地点：	填写日期：	生效日期：
直接上级部门：店长	制定者：	审核者：	审批：
职位概述： 为达成化妆部的二次消费销售目标，通过化妆师、礼服师的优质服务提高客户二次消费额，提升部门营业额业绩			
职位关系： 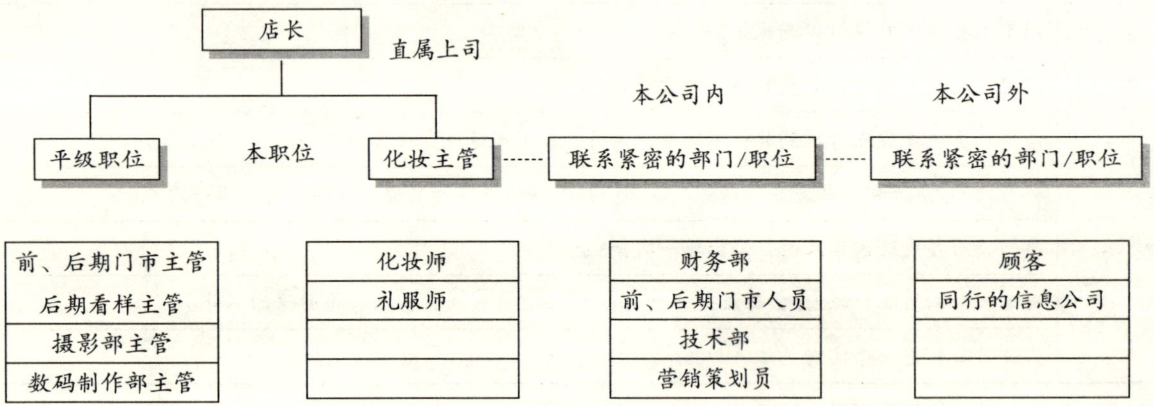			

（续表）

职位范围					
直接下属人数	6～10人	间接下属人数		合计	6～10人

任职条件	
（1）了解化妆造型专业知识	（2）掌握礼服整体搭配知识及技能
（3）熟悉公司化妆部操作流程	（4）了解公司二次消费产品价格及成本
（5）具备一定的影楼二次销售技能	（6）熟悉公司的运作流程
（7）具备培养他人和带领团队的能力	（8）在推销过程中有良好的沟通技巧
（9）具有一定的心理学基础	（10）高中或中专以上学历
（11）1年影楼管理经验，3年以上化妆造型实操经验	

工作职责

序号	工作领域	主要工作内容	工作权限						工作频率		
			执行	组织执行	决策	拟制	审核	批准	日常	周期	随机
1	化妆服务管理	根据公司下达目标，制订当月二次销售计划，督促化妆师做好月计划和周计划，使目标得到落实	√			√				√	
		负责化妆部业绩成果的督促、计划的跟进，确保目标的有效达成		√					√		
		服从上级指示及安排，协助各部门主管认真完成工作任务									
		培养化妆师，培训营销技巧及相关知识，不断提升化妆部二次加做消费平均值		√			√		√		
		提供化妆部各类表格设计，并组织汇总各类销售报表并及时上报									
		处理客户投诉，减少客户抱怨，提高客户满意度									
		电话联系确认次日化新娘妆客户到达时间及注意事项，掌握次日鲜花用量及控制费用，检查新娘妆质量									

（续表）

2	化妆师技术督导	调动员工做好接待协助及客户安抚工作，保证客户服务质量		√		√					√
		关注客户，关注化妆造型、选服装的进程，伺机协助员工，规避客怨，提升业绩	√						√		
		根据客户需要，在公司规定权限内控制价格折扣	√								√
		随时抽查化妆造型质量，如有不合格及时纠正并纠偏处理	√							√	
3	化妆师/礼服师管理	培训化妆师、礼服师的专业知识、沟通技巧及二次加做销售技巧，整体提高员工的技术水平和销售能力	√						√		
		日常检视并定期检查化妆师、礼服师的操作规范，以提出改进点并督促其改进	√							√	√
		及时登记并公布化妆师的业绩，确保合理、正确	√						√		
		对化妆师的薪酬调整及职位调整提出建议，及时匹配化妆师的能力状况									
		及时跟进化妆师、礼服师的工作情绪，及时疏导，确保营造一个积极开心的工作环境	√						√		
		化妆区域清洁落实到个人，物品（礼服、头饰）归位，每日督查员工在上下班前做好责任区域清洁	√						√		
		每月组织化妆人员分别进行一次化妆技术培训和新产品研发									
		协同人力资源组进行部门人员招聘、培养、调配，满足影楼人力需求；同时享有部门人事任用去留建议权									

（续表）

4	本部门组织管理	制订并完善化妆部的各种规章制度，做好纪律监督和考勤管理；提升员工的工作严谨度和积极性		√		√	√				√
		协同相关部门制订相关政策和制度，使化妆部与其他部门工作衔接顺畅		√							√
		随时保持与相关部门负责人及员工联系，做好部门协调工作，及时解决存在的问题		√					√		
		负责开发新项目带动二次加做销售并拥有对新的销售方案计划的建议权									
		每周召开部门内部会议（部署下周看样工作计划及目标，总结业绩完成情况）。参与每周主管会议、技术部全体员工会议和每月例会	√								√

KRA/KPI

KRA	KPI	权重	KPI说明	计算方式	数据提供部门/职位	收集周期	衡量标准 分值	衡量标准 标准值
二次销售	营业额达成率	直接提成，不计入考核成绩	影楼化妆部二次加做本月实际销售业绩（二次消费金额总和）与公司下达目标的比例	①责任底薪____元，行政补助___元，通信补助___元 ②提成按当月目标业绩计提___%，超出部分计提___%；未达标部分____%扣减薪金 ③预留利润奖：____%（每月收入提取_____%年末发放）	会计	月	150	125%，每增加10%，增加10分
							120	110%
							100	100%
							80	90%
							60	90%以下
							80	40%
							60	40%以下

（续表）

<table>
<tr><td rowspan="5">计划管理</td><td rowspan="5">工作计划完成率</td><td rowspan="5">计入考核成绩</td><td rowspan="5">已完成工作和计划完成工作的比较</td><td rowspan="5">①每月休息4天，超休时间按天数计发工资，工作时间绝对服从公司安排
②若连续三个月未能完成任务时，愿意自动辞职</td><td rowspan="5">人力资源部</td><td rowspan="5">月</td><td>150</td><td>100%</td></tr>
<tr><td>120</td><td>90%</td></tr>
<tr><td>100</td><td>80%</td></tr>
<tr><td>80</td><td>70%</td></tr>
<tr><td>60</td><td>70%以下</td></tr>
<tr><td rowspan="5">团队管理</td><td rowspan="5">部门成员满意度</td><td rowspan="5">计入考核成绩</td><td rowspan="5">化妆部团队对主管的满意程度</td><td rowspan="5">随机抽查</td><td rowspan="5">人力资源部</td><td rowspan="5">月</td><td>150</td><td>85分以上</td></tr>
<tr><td>120</td><td>75分</td></tr>
<tr><td>100</td><td>65分</td></tr>
<tr><td>80</td><td>55分</td></tr>
<tr><td>60</td><td>55分以下</td></tr>
<tr><td colspan="3" rowspan="9">关键事件</td><td colspan="6">对因沟通不够或服务不到位，造成客户抱怨，一次扣3～5分</td></tr>
<tr><td colspan="6">部门人员被其他部门人员投诉，一次性扣4分</td></tr>
<tr><td colspan="6">部门人员被发现或考核到礼仪不规范、专业知识未通过，一次扣3分</td></tr>
<tr><td colspan="6">公司的制度/流程及相关文件精神在本部门执行不力或宣传贯彻不及时，每出现一次减5分</td></tr>
<tr><td colspan="6">对因化妆造型、礼服存在问题，或未达到客户要求而造成客户重拍。一次扣3～5分</td></tr>
<tr><td colspan="6">对管辖范围内物品的清洁、保养、维护不当，造成损失，一次性扣4分</td></tr>
<tr><td colspan="6">参加公司各种会议不及时，每出现一次扣2分</td></tr>
<tr><td colspan="6">流失一个新员工，减2分，每流失一个老员工，减3分（由公司开除的不计）</td></tr>
<tr><td colspan="6">为公司每引进一个优秀员工，加2分</td></tr>
</table>

备注：KRA（Key Result Areas）指关键结果领域；KPI（Key Performance Indicator）指关键绩效指标。

【范例 10】

摄影主管年度工作责任书

职位名称：摄影主管	职位编号：	职位等级：	版本号：
所在部门：技术部	工作地点：	填写日期：	生效日期：
直接上级部门：店长	制 定 者：	审 核 者：	审批：
职位概述： 为达成技术部的看样销售目标，负责客户拍摄及看样陪选工作，带动并提高后期看样人员的销售业绩，提高服务质量			
职位关系： 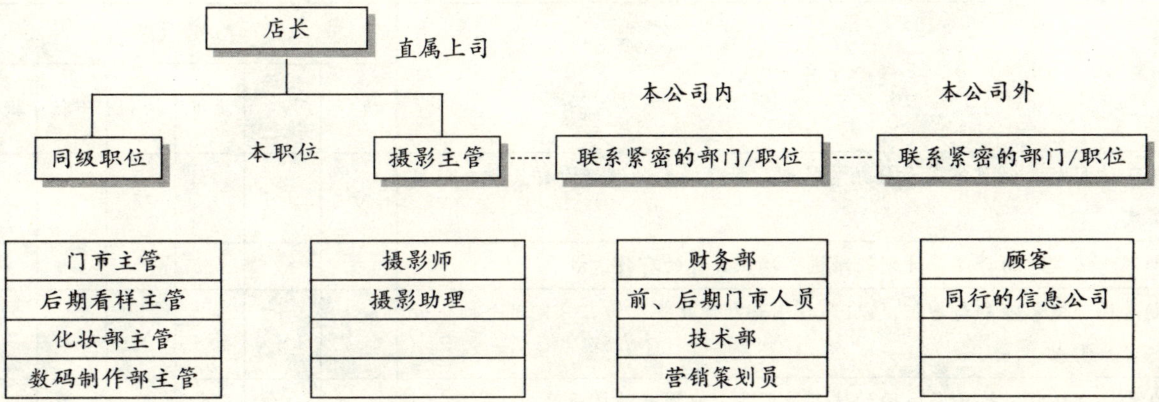			

（续表）

职位范围											
直接下属人数		6～10人	间接下属人数				合计		6～10人		
任职条件											
（1）精通摄影理论专业知识			（2）熟悉并会操作数码相机功能								
（3）熟悉公司摄影操作流程			（4）了解公司产品价格及成本								
（5）熟悉公司的运作流程			（6）熟悉看样软件操作								
（7）具备培养他人和带领团队的能力			（8）具备一定看样销售技能								
（9）善于活跃现场气氛			（10）高中或中专以上学历								
（11）摄影专业			（12）1年影楼管理经验，3年以上摄影实操经验								
工作职责											
序号	工作领域	主要工作内容	工作权限						工作频率		
			执行	组织执行	决策	拟制	审核	批准	日常	周期	随机
1	摄影服务管理	根据公司下达目标，制订当月看样销售计划，督促摄影师做好看样安排，使目标得到落实	√			√				√	
		负责摄影部业绩成果的督促、计划的跟进，确保目标的有效达成		√					√		
		配合后期看样部摄影师参与看版，以Photoshop制作收费，为客户提供个性化设计，满足客户需求		√	√	√			√		
		支持后期看样部销售，给予多方面的技术性引导，以提升销售业绩		√			√		√		
		培养摄影师，培训营销技巧及相关知识，不断提升后期看样部消费平均值		√			√		√		

（续表）

1	摄影服务管理	提供摄影部各类表格设计，并组织汇总各类销售报表并及时上报									
		处理客户投诉，减少客户抱怨，提高客户满意度									
2	摄影师技术督导	调动员工做好接待协助及客户安抚工作，保证客户服务质量		√		√					√
		关注客户，关注看样进程，伺机协助员工看样，规避客怨，提升业绩	√						√		
		根据看样需要，在公司规定权限内把控好价格折扣	√							√	
3	摄影师/摄影助理管理	培训摄影师的专业知识、沟通技巧及看样销售技巧，整体提高摄影师的技术水平和销售能力	√						√		
		日常检视并定期检查摄影师的操作规范，以提出改进点并督促其改进	√							√	√
		及时登记并公布摄影师的业绩，确保合理、正确	√						√		
		对摄影师的薪酬调整及职位调整提出建议，及时匹配摄影师的能力状况									
		及时跟进摄影师的工作情绪，及时疏导，确保营造一个积极开心的工作环境	√						√		
		影棚财产清查，相机存放、电池及其他拍摄相关器材清点，做好防火防盗措施	√						√		
		做好责任区域（影棚）清洁整理，物品（器材、道具）归位									
		协同人力资源组进行部门人员招聘、培养、调配，满足影楼人力需求；同时享有部门人事任用去留建议权									

（续表）

4	本部门组织管理	制订并完善看样部的各种规章制度，做好纪律监督和考勤管理；提升员工的工作严谨度和积极性		√		√	√				√
		协同相关部门制订相关政策和制度，使摄影部与其他部门工作衔接顺畅		√							√
		随时保持与相关部门负责人及员工联系，做好部门协调工作，及时解决存在的问题		√					√		
		负责开发新项目带动加做销售并拥有对新的摄影方案计划的建议权									
		每周召开部门内部会议（部署下周看样工作计划及目标，总结业绩完成情况）。参与每周主管会议、看样部全体员工会议和每月例会	√								√

KRA/KPI

KRA	KPI	权重	KPI定义	计算方式	数据提供部门/职位	收集周期	衡量标准	
							分值	标准值
看样销售	营业额达成率	直接提成，不计入考核成绩	影楼后期看样加做本月实际销售业绩（看样加做金额总和）与公司下达目标的比例	①责任底薪____元，___行政补助___元，通信补助____元 ②提成按当月目标业绩计提___%，超出部分计提___%；未达标部分____%扣减薪金 ③预留利润奖：____% （每月收入提取%年末发放）	会计	月	150	125%，每增加10%，增加10分
							120	110%
							100	100%
							80	90%
							60	90%以下
							80	40%
							60	40%以下

（续表）

计划管理	工作计划完成率	计入考核成绩	已完成工作和计划完成工作的比较	①每月休息4天，超休时间按天数计发工资，工作时间绝对服从公司安排 ②若连续三个月未能完成任务时，愿意自动辞职	人力资源部	月	150	100%
							120	90%
							100	80%
							80	70%
							60	70%以下
团队管理	部门成员满意度	计入考核成绩	摄影部团队对主管的满意程度	随机抽查	人力资源部	月	150	85分以上
							120	75分
							100	65分
							80	55分
							60	55分以下
关键事件			对因沟通不够或服务不到位，造成客户抱怨，一次扣3～5分					
			部门人员被其他部门人员投诉，一次性扣4分					
			部门人员被发现或考核到礼仪不规范、专业知识未通过，一次扣3分					
			公司的制度/流程及相关文件精神在本部门执行不力或宣传贯彻不及时，每出现一次减5分					
			对因摄影存在问题，或未达到客户要求而造成客户重拍。一次扣3～5分					
			对管辖范围内物品的清洁、保养、维护不当，造成损失，一次性扣4分					
			参加公司各种会议不及时，每出现一次扣2分					
			流失一个新员工，减2分，每流失一个老员工，减3分（由公司开除的不计）					
			为公司每引进一个优秀员工，加2分					

备注：KRA（Key Result Areas）指关键结果领域；KPI（Key Performance Indicator）指关键绩效指标。

【范例11】

数码制作主管年度工作责任书

职位名称：数码制作主管	职位编号：	职位等级：	版本号：
所在部门：技术部	工作地点：	填写日期：	生效日期：
直接上级部门：店长	制定者：	审核者：	审批：
职位概述： 为达成数码部的看样销售目标，负责客户相片制作及看样陪选工作，带动并提高后期看样人员的销售业绩，提高服务质量			
职位关系： 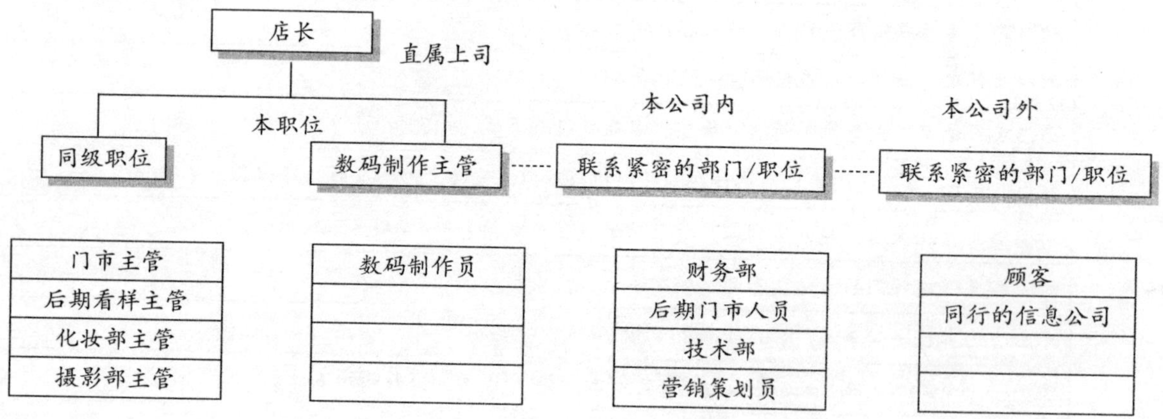			

（续表）

职位范围					
直接下属人数	4人	间接下属人数		合计	4人

任职条件

（1）具有较好的沟通及表达能力
（2）了解影楼行业的发展行情及趋势
（3）具有良好的计算机及数码知识
（4）具有团队管理能力
（5）熟悉公司的看样销售模式及技巧
（6）熟练操作Photoshop
（7）具有责任心，审美观较好
（8）熟悉电脑调色、精细处理
（9）高中或中专以上学历
（10）计算机专业或相关专业
（11）具有2年以上影楼经验并有1年以上相关主管经验

工作职责

序号	工作领域	主要工作内容	工作权限						工作频率		
			执行	组织执行	决策	拟制	审核	批准	日常	周期	随机
1	数码制作服务管理	根据公司下达目标，制订当月看样销售计划，督促数码制作员做好看样安排，使目标得到落实	√			√				√	
		负责数码部业绩成果的督促、计划的跟进，确保目标的有效达成		√					√		
		配合后期看样部数码制作员参与看版，以Photoshop制作收费，为客户提供个性化设计，满足客户需求		√	√	√			√		
		支持后期看样部销售，给予多方面的技术性引导，以提升销售业绩		√			√		√		
		培养制作员，培训营销技巧及相关知识，不断提升后期看样部消费平均值		√			√		√		

（续表）

1	数码制作服务管理	提供数码部各类表格设计，并组织汇总各类销售报表并及时上报									
		处理客户投诉，减少客户抱怨，提高客户满意度	√						√		
2	数码制作员技术督导	调动员工做好接待协助及客户安抚工作，保证客户服务质量		√		√					√
		关注客户，关注看样进程，伺机协助员工看样，规避客怨，提升业绩	√						√		
		培训制作员的数码专业知识、沟通技巧及看样销售技巧，整体提高制作员的技术水平和销售能力	√							√	
3	数码制作员管理	日常检视并定期检查制作员的操作规范，以提出改进点并督促其改进	√						√		
		及时登记并公布制作员的业绩，确保合理、正确	√							√	√
		对制作员的薪酬调整及职位调整提出建议，及时匹配制作员的能力状况	√						√		
		及时跟进制作员的工作情绪，及时疏导，确保营造一个积极开心的工作环境									
		数码部财产清查，电脑相关物品清点，做好防火防盗措施	√						√		
		协同人力资源组进行部门人员招聘、培养、调配，满足影楼人力需求；同时享有部门人事任用去留建议权									

（续表）

4	本部门组织管理	制订并完善数码部的各种规章制度，做好纪律监督和考勤管理；提升员工的工作严谨度和积极性		√		√	√				√
		协同相关部门制订相关政策和制度，使数码部与其他部门工作衔接顺畅		√							√
		随时保持与相关部门负责人及员工联系，做好部门协调工作，及时解决存在的问题		√					√		
		负责开发新样版带动加做销售并拥有对新的销售方案计划的建议权									
		每周召开部门内部会议（部署下周看样工作计划及目标，总结业绩完成情况）。参与每周主管会议、看样部全体员工会议和每月例会	√								√

KRA/KPI								
KRA	KPI	权重	KPI说明	计算方式	数据提供部门/职位	收集周期	衡量标准	
							分值	标准值
看样销售	营业额达成率	直接提成，不计入考核成绩	影楼后期看样加做本月实际销售业绩（看样加做金额总和）与公司下达目标的比例	①责任底薪_____元，行政补助_____元，通信补助____元 ②提成按当月目标业绩计提____%，超出部分计提____%；未达标部分____%扣减薪金 ③预留利润奖:____% （每月收入提取5%年末发放）	会计	月	150	125%，每增加10%，增加10分
							120	110%
							100	100%
							80	90%
							70	90%以下
							80	40%
								40%以下

（续表）

计划管理	工作计划完成率	计入考核成绩	已完成工作和计划完成工作的比较	①每月休息4天，超休时间按天数计发工资，工作时间绝对服从公司安排 ②若连续三个月未能完成任务时，愿意自动辞职	人力资源部	月	150	100%
							120	90%
							100	80%
							80	70%
								70%以下
团队管理	部门成员满意度	计入考核成绩	数码部团队对主管的满意程度	随机抽查	人力资源部	月	150	85分以上
							120	75分
							100	65分
							80	55分
								55分以下
关键事件			数码制作员被客户投诉，一次扣2~5分					
			数码制作员被其他部门人员投诉，一次性扣4分					
			数码制作员被发现或考核到工作流程不规范或专业知识未通过，一次扣3分					
			公司的制度/流程及相关文件精神在本部门执行不力或宣传贯彻不及时，每出现一次减5分					
			参加公司各种会议不及时，每出现一次扣2分					
			流失一个新员工，减2分，每流失一个老员工，减3分（由公司开除的不计）					
			为公司每引进一个优秀员工，加2分					

备注：KRA（Key Result Areas）指关键结果领域；KPI（Key Performance Indicator）指关键绩效指标。

【范例 12】

后期看样主管年度工作责任书

职位名称：后期看样主管	职位编号：	职位等级：	版本号：
所在部门：营业部	工作地点：	填写日期：	生效日期：
直接上级部门：店长	制定者：	审核者：	审批：

职位概述：

为达成营业部的看样销售目标，协同策划组制定有效的销售方案，带动并提高看样门市人员的销售业绩，提高服务质量，督促有效地进行客户管理

职位关系：

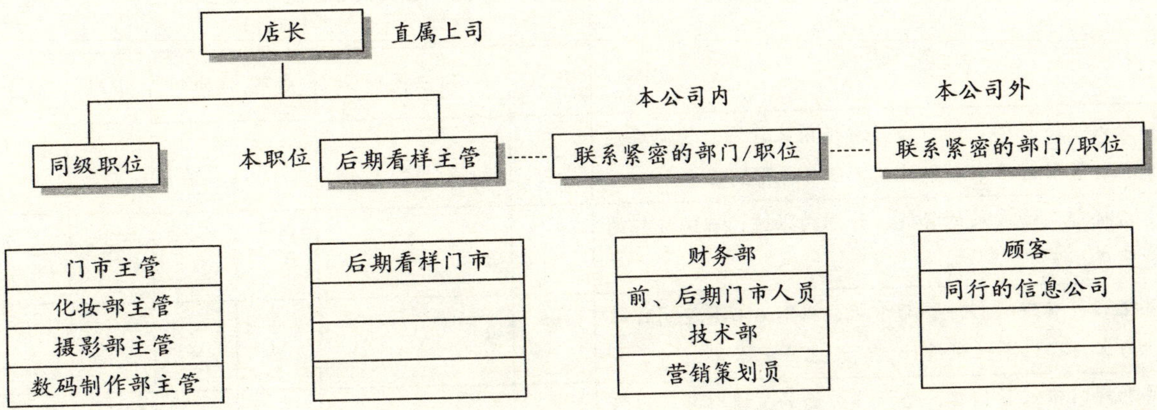

（续表）

<table>
<tr><td colspan="12">职位范围</td></tr>
<tr><td colspan="2">直接下属人数</td><td>3～5人</td><td colspan="2">间接下属人数</td><td colspan="2"></td><td colspan="2">合计</td><td colspan="3">3～5人</td></tr>
<tr><td colspan="12">任职条件</td></tr>
<tr><td colspan="6">（1）具有较好的沟通及表达能力
（3）具有一定的计算机及数码知识
（5）熟悉公司的看样销售模式及技巧
（7）具有较强的销售技巧
（9）高中或中专以上学历
（11）曾有2年以上影楼经验并有1年以上主管经验</td><td colspan="6">（2）了解影楼行业的发展行情及趋势
（4）具有团队管理能力
（6）具有一定的看样加做套餐设计能力
（8）能独立操作公司专业看样软件
（10）销售相关专业</td></tr>
<tr><td colspan="12">工作职责</td></tr>
<tr><td rowspan="2">序号</td><td rowspan="2">工作领域</td><td rowspan="2">主要工作内容</td><td colspan="6">工作权限</td><td colspan="3">工作频率</td></tr>
<tr><td>执行</td><td>组织执行</td><td>决策</td><td>拟制</td><td>审核</td><td>批准</td><td>日常</td><td>周期</td><td>随机</td></tr>
<tr><td rowspan="5">1</td><td rowspan="5">看样营销管理</td><td>根据公司下达目标，制订当月看样销售计划，督促后期门市人员做好月计划和周计划，使目标得到落实</td><td>√</td><td></td><td></td><td>√</td><td></td><td></td><td></td><td>√</td><td></td></tr>
<tr><td>负责看样部业绩成果的督促、计划的跟进，确保目标的有效达成</td><td></td><td>√</td><td></td><td></td><td></td><td></td><td>√</td><td></td><td></td></tr>
<tr><td>督促摄影部安排摄影师参与看版，以Photoshop制作收费，为客户提供个性化设计，满足客户需求</td><td></td><td>√</td><td>√</td><td>√</td><td></td><td></td><td>√</td><td></td><td></td></tr>
<tr><td>支持看样门市人员销售，给予多方面的策略引导，以提升销售业绩</td><td></td><td>√</td><td></td><td></td><td>√</td><td></td><td>√</td><td></td><td></td></tr>
<tr><td>培养看样门市人员，培训营销技巧及相关知识，不断提升看样部消费平均值</td><td></td><td>√</td><td></td><td></td><td>√</td><td></td><td>√</td><td></td><td></td></tr>
</table>

（续表）

1	看样营销管理	提供看样部各类表格设计，并组织汇总各类销售报表并及时上报									
		根据公司的有关规定，把好成本关，为公司创造更大的效益	√						√		
2	客户服务管理	调动员工做好接待协助及客户安抚工作，保证客户服务质量		√		√					√
		关注客户，关注看样进程，伺机协助员工看样，规避客怨，提升业绩	√						√		
		处理客户的投诉，减少客户抱怨，提高客户满意度	√								√
		根据看样需要，在公司规定权限内把控好价格折扣	√							√	
3	看样门市管理	检视看样门市的个人形象、服务礼仪、销售技巧及专业知识，并对员工进行看样技能培训，调整员工服务销售心态及职业道德素养	√						√		
		与技术部定期考核或抽查部门人员的数码专业知识和相关产品知识，确保看样门市保持较高的专业水平	√							√	√
		日常巡视及支持看样门市对客户的日常工作，以提出改进点并督促其改进	√						√		
		了解次月拍摄量计划，做好看样门市及电脑安排计划									
		及时跟进门市人员的思想工作，倡导服务精神和团队精神	√						√		
		及时跟进门市人员的工作情绪，及时疏导，确保营造一个积极开心的工作环境	√						√		
		协同人力资源组进行部门人员招聘、培养、调配，满足影楼人力需求；同时享有部门人事任用去留建议权									

（续表）

4	本部门组织管理	制定并完善看样部的各种规章制度，做好纪律监督和考勤管理；提升员工的工作严谨度和积极性		√		√	√				√
		协同相关部门制定相关政策和制度，使营业部与其他部门工作衔接顺畅		√							√
		随时保持与相关部门负责人及员工联系，做好部门协调工作，及时解决存在的问题		√					√		
		每周召开部门内部会议（部署下周工作计划及目标，总结业绩完成情况，学习公司新推出制度及工作要求等）。参与每周主管会、技术部全体员工会议、每月例会及各种临时会议	√								√

KRA/KPI

KRA	KPI	权重	KPI说明	计算方式	数据提供部门/职位	收集周期	衡量标准	
							分值	标准值
后期看样销售	营业额达成率	直接提成，不计入考核成绩	影楼后期看样加做本月实际销售业绩（看样加做全额总和）与公司下达目标的比例	①责任底薪____元，行政补助____元，通讯补助____元 ②提成按当月目标业绩计提___%，超出部分计提___%；未达标部分____%扣减薪金 ③预留利润奖：____% （每月收入提取____%年末发放）	会计	月	150	125%，每增加10%，增加10分
							120	110%
							100	100%
							80	90%
							60	90%以下
							80	40%
							60	40%以下

（续表）

计划管理	工作计划完成率	计入考核成绩	已完成工作和计划完成工作的比较	①每月休息4天，超休时间按天数计发工资，工作时间绝对服从公司安排 ②若连续三个月未能完成任务时，愿意自动辞职	人力资源部	月	150	100%
							120	90%
							100	80%
							80	70%
							60	70%以下
团队管理	部门成员满意度	计入考核成绩	看样门市团队对主管的满意程度	随机抽查	人力资源部	月	150	85分以上
							120	75分
							100	65分
							80	55分
							60	55分以下
关键事件			看样人员被客户投诉，一次扣3～5分					
			看样人员被其他部门人员投诉，一次性扣4分					
			看样人员被发现或考核到礼仪不规范、看样流程不规范或专业知识未通过，一次扣3分					
			公司的制度/流程及相关文件精神在本部门执行不力或宣传贯彻不及时，每出现一次减5分					
			参加公司各种会议不及时，每出现一次扣2分					
			流失一个新员工，减2分，每流失一个老员工，减3分（由公司开除的不计）					
			为公司每引进一个优秀员工，加2分					

备注：KRA（Key Result Areas）指关键结果领域；KPI（Key Performance Indicator）指关键绩效指标。

【范例13】

××××年度活动营销计划

项目＼月份	3月	4月	5月	6月	7月	8月	9月	10月	11月	12月	1月	2月
活动主题	××婚纱摄影春季超值礼		××婚纱摄影浪漫美人鱼		××婚纱摄影浪漫蓝海之旅		××婚纱摄影金色记忆外景大套餐		××婚纱摄影三亚浪漫预约季			
配合要求	套餐一：999元超值套 套餐二：1999元超值套 套餐三：3999元超值套 套餐四：5999元超值套		水下婚纱拍摄限时抢购（5999元）		超值婚纱套餐1999元，进店另附1元，尊享价值5999元套餐，另有机会获得游轮双人游		金色风车外景套餐抄底价2888元，进店另附318元即可享受价值5688元套餐		套餐一：滨海浪漫抄底价6888元 套餐二：滨海浪漫超值浪漫旅188888（含往返机票）			
策略简述	基于旺季来临，以多种套餐，多种价格吸引不同人群关注		以特色取胜，占领85/90后战场		（1）利用低价吸引消费关注促进成单 （2）销售人员引导客户追加消费		（1）利用较低的价格吸引目标人群进店，提升进店量 （2）销售人员引导客户追加消费		利用超值套餐吸引目标人群关注，提升反季进店量与订单达成			
线上配合	异业	网络	异业	网络	异业	网络	异业	网络	异业配合	终端配合	官网软文	软广植入

【范例 14】

××××年度老客户营销计划

项目＼月份	3月	4月	5月	6月	7月	8月	9月	10月	11月	12月	1月	2月
活动主题	养生温泉游			××周边游			金色采摘游		冰雪浪漫季			
配合要求	套餐一：老客户介绍新客户满6688元即送温泉双人养生游（一日） 套餐二：老客户介绍新客户满12688元即送温泉双人养生游（二日）			套餐一：老客户介绍新客户满6688元即送××景点游（一日） 套餐二：老客户介绍新客户满12688元即送××景点双人游（二日）			套餐一：老客户介绍新客户满6688元即送××农家采摘游（一日） 套餐二：老客户介绍新客户满12688元即送××农家采摘双人游（二日）		套餐一：老客户介绍新客户满6688元即送××景点（一日） 套餐二：老客户介绍新客户满12688元即送××景点双人游（二日）			
策略简述	（1）选择更吸引人的形式吸引老客户关注，利用老客户寻找新客户 （2）借助二次消费提升老客户维护											
媒体配合	短信、微信、官网、客服电话											

一日工作安排与落实
一周工作安排与落实
月度工作安排与落实
季度工作安排与落实
年度工作安排与落实

管理心得

管理心得，其实是婚纱影楼店店长对自己个人工作的总结。可以是对某一个事件的看法，也可以是某一项工作的实施计划；可以是成功的经验，也可以是失败的教训。

我的年度管理心得

已办事项	
未办事项	
待办事项	
通过这一个年度的工作，我最大的收获是：	

成功经理人工作手册（服务业·制造业1～20册）

◆人力资源经理成长同步指引
◆生产经理成长同步指引
◆品质经理成长同步指引
◆采购经理成长同步指引
◆行政经理成长同步指引
◆仓库主管成长同步指引
◆物控经理成长同步指引
◆财务经理成长同步指引
◆外贸经理成长同步指引
◆销售经理成长同步指引
◆客服经理成长同步指引
◆技术经理成长同步指引

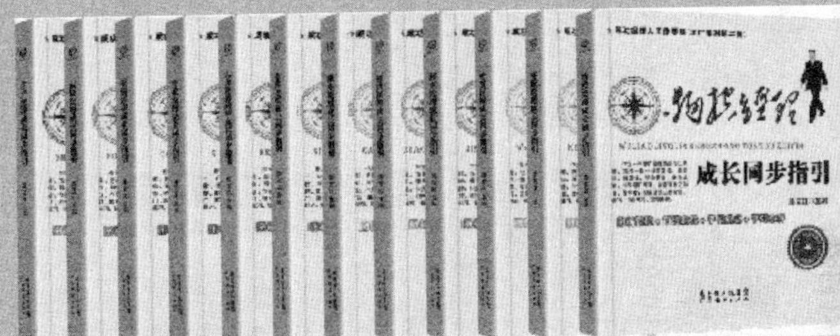

◆酒店餐饮经理成长同步指引
◆酒店客房经理成长同步指引
◆酒店前厅经理成长同步指引
◆酒店财务经理成长同步指引
◆酒店营销经理成长同步指引
◆连锁酒店店长成长同步指引
◆商场（超市）店长成长同步指引
◆物业公司经理成长同步指引

成功经理人365天管理笔记（服务业·制造业1～30册）

◆生产经理365天管理笔记
◆品质经理365天管理笔记
◆采购经理365天管理笔记
◆行政经理365天管理笔记
◆人力资源经理365天管理笔记
◆仓库主管365天管理笔记
◆安全主任365天管理笔记
◆客服经理365天管理笔记
◆销售经理365天管理笔记
◆财务经理365天管理笔记
◆物控经理365天管理笔记
◆班组长365天管理笔记

◆酒店餐饮经理365天管理笔记
◆酒店客房经理365天管理笔记
◆酒店前厅经理365天管理笔记
◆酒店财务经理365天管理笔记
◆酒店营销经理365天管理笔记
◆连锁酒店店长365天管理笔记
◆商场（超市）店长365天管理笔记
◆物业公司经理365天管理笔记
◆汽车4S店店长365天管理笔记

◆汽车美容店店长365天管理笔记
◆餐厅楼面经理365天管理笔记
◆便利店店长365天管理笔记
◆婚纱影楼店长365天管理笔记
◆服装店店长365天管理笔记
◆房地产中介门店店长365天管理笔记
◆家居建材门店店长365天管理笔记
◆物业安保队长365天管理笔记
◆物业管理处主任365天管理笔记

看图看板系列（制造业1～16册）

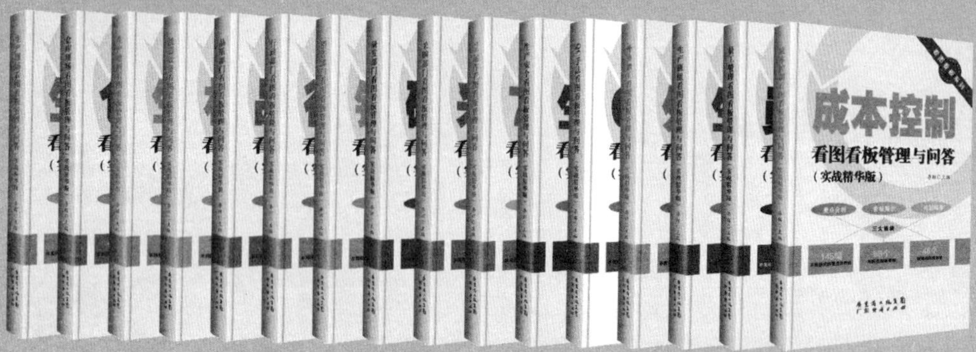

- ◆生产现场看图看板管理与问答
- ◆仓库现场看图看板管理与问答
- ◆生产物料看图看板管理与问答
- ◆机器设备看图看板管理与问答
- ◆品质部门看图看板管理与问答
- ◆行政部门看图看板管理与问答
- ◆销售部门看图看板管理与问答
- ◆研发部门看图看板管理与问答
- ◆采购作业看图看板管理与问答
- ◆7S运作看图看板管理与问答
- ◆生产安全看图看板管理与问答
- ◆QC手法看图看板管理与问答
- ◆外协加工看图看板管理与问答
- ◆生产班组看图看板管理与问答
- ◆员工管理看图看板管理与问答
- ◆成本控制看图看板管理与问答

看图看板系列（服务业1～16册）

- ◆酒店前厅服务看图看板管理与问答
- ◆酒店客房服务看图看板管理与问答
- ◆餐厅楼面看图看板管理与问答
- ◆超市卖场看图看板管理与问答
- ◆物业公司看图看板管理与问答
- ◆汽车美容店看图看板管理与问答
- ◆汽车4S店看图看板管理与问答
- ◆家政服务看图看板管理与问答
- ◆经济型酒店看图看板管理与问答
- ◆家政钟点工看图看板管理与问答
- ◆物业安保消防看图看板管理与问答
- ◆物业清洁保养看图看板管理与问答
- ◆物业工程服务看图看板管理与问答
- ◆居家养老服务看图看板管理与问答
- ◆社区服务看图看板管理与问答
- ◆物业绿化养护看图看板管理与问答

“看图看板系列”丛书分三大板块。“要点分析”以不同形式的图形介绍了管理人员在日常工作中必须了解并掌握的关键要点；“看板展示”通过各类实景照片、流程图、漫画图、指示图、业绩图、统计图、线描图、进度图等直观地展示工作场景，使工作场景醒目化、可视化；“问题解答”介绍了一些重点注意事项，是全书主要内容的重要补充。